브랜드,
결국엔 상표등록이 필요합니다

브랜드, 결국엔 상표등록이 필요합니다

발행일	2022년 02월 28일			
지은이	김태수			
펴낸이	손형국			
펴낸곳	(주)북랩			
편집인	선일영	편집	정두철, 배진용, 김현아, 박준, 장하영	
디자인	이현수, 김민하, 허지혜, 안유경, 최성경	제작	박기성, 황동현, 구성우, 권태련	
마케팅	김회란, 박진관			
출판등록	2004. 12. 1(제2012-000051호)			
주소	서울특별시 금천구 가산디지털 1로 168, 우림라이온스밸리 B동 B113~114호, C동 B101호			
홈페이지	www.book.co.kr			
전화번호	(02)2026-5777	팩스	(02)2026-5747	
ISBN	979-11-6836-191-1 03360 (종이책)		979-11-6836-192-8 05360 (전자책)	

(주)북랩 성공출판의 파트너

북랩 홈페이지와 패밀리 사이트에서 다양한 출판 솔루션을 만나 보세요!

홈페이지 book.co.kr • **블로그** blog.naver.com/essaybook • **출판문의** book@book.co.kr

작가 연락처 문의 ▶ ask.book.co.kr

작가 연락처는 개인정보이므로 북랩에서 알려드릴 수 없습니다.

브랜드, 결국엔 상표등록이 필요합니다

김태수 지음

우리 회사의 브랜드를 지키고 활용하는
가장 스마트한 방법

북랩 book Lab

브랜드로 성공할 당신을 응원합니다!

한국의 전통 디저트 카페 '설빙'이 중국에서 상표를 선점당했다가 되찾았다는 소식과 SBS 예능프로그램 '백종원의 골목식당'에서 소개된 포항 덮죽집의 상표등록 관련 논란까지, 이제 브랜드와 관련된 이슈는 우리 사회에서 일상이 되어가고 있습니다.

과거에는 기술이 있으면 밥 먹고 산다는 말이 있었습니다. 기술 중심 성장이 한국 경제를 이끌어왔음을 실감하게 합니다. 이제까지 기술 중심의 혁신이 한국 경제를 이끌고 왔지만, 기술이 상향평준화되거나 제조 경쟁력이 떨어지는 분야에서는 기술의 중요성이 계속 낮아질 것입니다. 이제는 기술뿐만이 아닌, 디자인과 브랜드까지 균형 있게 경영에 활용해야 합니다. 기술 자체가 중요한 제품이든 디자인이 중요한 제품이든, 아이디어와 디자인은 제품의 브랜드 아이덴티티를 구축하는 힘이 됩니다. 이때 브랜드를 '재산'으로 만드는 '상표등록'을 간과해서는 안 됩니다.

 이제 우리 기업은 아이디어, 디자인, 브랜드라는 지식재산으로 사업을 지켜내는 노력을 해야 할 때입니다. 중국 등 다른 나라의 추격이 턱밑까지 와 있기 때문입니다. 유럽, 미국, 일본은 차례로 지식재산권을 이용하여 국가 경쟁력을 지켜나가고 있습니다. 중국 등 신흥국에게 우리의 자리를 내주지 않으려면 지식재산권에 대한 이해가 필수인 시대입니다. 우리나라는 시대적 요구에 발맞추어 지식재산 소송의 관할을 집중하여 신속한 지식재산 분쟁의 해결을 도모하고 있으며, 지식재산권 침해에 대한 징벌적 손해배상 제도를 도입하였습니다. 2011년 지식재산기본법이 시행되고 이를 근거로 대통령 직속 국가지식재산위원회가 설립된 후 이러한 변화는 필연적인 결과로 생각되며, 이처럼 지식재산을 중시하는 문화가 자리매김을 해나갈 것입니다.

 이 책은 여러분에게 브랜드를 어떻게 지킬 수 있는지에 대한 기초 지식을 전달하고자 기획되었습니다. 누구나 이해할 수 있도록, 브랜드에 관련된 실제 사례를 그림과 함께 쉽게 설명하였습니다. 이 책의 내용이 브랜드 보호의 상식을 전파하고, 대한민국 기업이 브랜드를 보호하고 활용하면서 글로벌 기업으로 성장해나가는 데 도움이 되기를 기원합니다.

제가 쓴『특허 콘서트』가 '2016 세종도서 교양부문', '2018 대한민국 독서토론 논술대회 지정도서'로 선정되고, 이에 힘입어『디자인 모방품 때문에 고민입니다』까지 집필할 수 있도록 성원해주시고, 카카오 브런치의 글을 꾸준히 사랑해주신 수많은 독자들께 감사드립니다. 마지막으로 지속적인 출간 작업을 지지해주는 사랑하는 아내와, 딸 유연이와 아들 유찬이에게 고마움을 전합니다.

2022년 2월

김태수

CONTENTS

CHAPTER 1

브랜드,
제품에 가치를 더하다

1.
한국 브랜드,
중국에 빼앗기다

한국 대표 디저트 설빙,
중국 진출에 실패하다

㈜설빙은 창업자가 한식 디저트에 관심을 갖고 '인절미 설빙'을 출시하여 큰 인기를 얻게 되고, 이후 코리안 디저트 카페 '설빙'을 론칭하여 1년 만에 490여 개의 매장을 열었다는 탄생 스토리를 소개하고 있습니다. 설빙 카페는 이제 한국 사람이라면 모르는 사람이 없는 브랜드가 되었다고 할 수 있죠. 이렇게 한국에서 성공한 브랜드는 보통 중국 진출을 꿈꾸는데, 떡과 관련된 상품 특성상 중국 시장은 더욱 매력적으로 보입니다.

특허청이 발간한 『중국 상표 보호의 모든 것』에 따르면, '설빙'은 2014년도 한류 드라마 '피노키오'의 성공을 통해 중국 상해에 1호점을 시작으로 본격적으로 중국 진출을 추진하였으나 현지에서의 상표권 미확보 및 유사 영업 행위에 대한 대응 미흡 등으로 원활한 현지 진출에 큰 어려움이 발생하였다고 합니다. 이들 유사 카페는 간판뿐만 아니라 종업원 복장, 고객 대기용 진동벨, 냅킨까지 설빙의 부자재를 그대로 베껴서 영업을 하고 있는 경우가 대부분이었고, 심지어 이들 짝퉁 업체는 상표권까지 선점하여 우리 기업의 해외 진출을 방해하고, 중국에서 가맹점을 모집하는 사례도 발견되었다고 해요.

최근에는 설빙과 계약을 체결한 중국 프랜차이즈 업체가 설빙을 상대로 한국에서 소송을 제기하였습니다. 중국 프랜차이즈 업체는 설빙과 상표 라이선스를 체결하여 중국에서 프랜차이즈를 운영하였으나 짝퉁 업체로 인하여 영업을 할 수 없었다며, 9억 5천만 원의 라이선스 비용을 되돌려달라고 요구했죠. 설빙은 1심에서 승소하였으나 3심인 대법원까지 소송이 진행되었고, 2020년 11월 한국 대법원은 중국 프랜차이즈 업체의 손을 들어주었습니다.

설빙 상표권

상표등록 제41-0308122호

설빙,
중국에서 브랜드를 되찾아오다

한국의 전통 디저트를 세계에 알리고 있는 설빙은 왜 중국에서 상표를 선점당했을까요? 중국 상표 선점자들은 한국에서 인기를 끄는 브랜드를 중국에 등록하고 있습니다. 특히 한류 열풍으로 그 정도가 매우 심각하지요.

이렇게 한국 기업이 중국에서 상표를 선점당하는 이유는 신생 기업일수록 해외 상표 확보에 신경을 쓰지 않기 때문입니다. 시간적 여유도 없고 사업 초기에 여러 업무가 복합적으로 발생하다 보니 미리 계획하고 해외 상표를 확보하는 경우가 드문 것 같습니다.

또 다른 이유는 한국 상표등록을 추진하면 해외 사업도 가능하다는 오해에서 발생합니다. 한국 상표등록은 한국에서만 효력이 있는데 말이죠. 어느 국가의 법률이 그 국가에만 미치는 것은 당연하지만, 각 나라마다 상표등록을 별도로 해야 한다고 말하면 어떤 사람들은 놀라기도 합니다. 국내 시장을 넘어 글로벌 시장에서 경쟁하려면 당연히 해외에서도 상표를 등록해야 합니다. 즉, 한국에서 상표권을 소유하고 있더라도 중국 시장에 진출하고자 한다면 중국에서도 상표권을 확보해야 합니다.

雪冰元素
XUEBINGYUANSU

무효 대상상표

설빙은 중국에서 상표권을 되찾기 위해 '설빙원소'라는 상표권이 무효라는 심판을 제기합니다. 드디어 2021년 1월 설빙이 승소했다는 기쁜 소식이 전해졌습니다. 이제 설빙은 다시 중국에 사업을 진출시키기 위해 박차를 가하고 있다고 합니다. 중국어 '설빙원소' 상표를 가지고 있던 회사는 '설빙원소'라는 상표를 2013년부터 2017년까지 다양한 분야에 상표등록을 꾸준히 신청하였으며, 그 외에 한글 상표 '김家네', '고봉민 김밥人' 등 다양한 한국 기업의 상표를 선점하고 있습니다. 중국 상표 선점자로 잘 알려진 김광춘이라는 사람이 대표자로 있는 회사는 다음과 같은 한국 상표들을 포함하여 수십 개를 선점하고 있으며, 김광춘은 여러 다른 회사를 설립하여 동일하게 한국 상표를 선점하였습니다.

순번	상표명	출원번호 (출원일자)	대리인
1	원조할머니 보쌈·족발 元祖老奶奶 包肉·猪蹄	14413242 (2014.4.18.)	북경이상천성지식산권대리유한공사 (北京理想天成知识产权代理有限公司)
2	Harim MEXICAN 멕시칸치킨 夏林 美喜可	14392904 (2014.4.16.)	북경이상천성지식산권대리유한공사 (北京理想天成知识产权代理有限公司)
3	조마루jomaru 朝宗里	14340137 (2014.4.9.)	북경이상천성지식산권대리유한공사 (北京理想天成知识产权代理有限公司)
4	원당 감자탕 onedang ウォンダンカムジャタン 明润元堂	14413232 (2014.4.18.)	북경이상천성지식산권대리유한공사 (北京理想天成知识产权代理有限公司)

중국 상표 선점자의 한국 상표 선점 예시

출처: 특허청, 중국내 우리기업 상표 다수 선점자 심층 분석보고서, 2019

설빙은 중국에서 상표권을 되찾기는 했지만 중국 상표권을 무효화시키는 데에는 상당한 시간이 걸렸고, 중국 프랜차이즈 업체가 한국에서 소송까지 진행하는 등 그 피해는 말로 다 할 수 없었습니다. 일단 한국 브랜드가 중국에서 선점을 당하면 이렇게 골치 아픈 상황이 발생합니다. 무엇보다 한국 브랜드를 중국에 빼앗기지 않도록 조치하는 것이 중요합니다. 최근 한국 기업에게는 중국 시장만큼 동남아 시장도 중요해졌는데, 베트남 등에서 상표 선점자에게 상표를 선점당하지 않도록 주의를 기울여야겠죠?

2.
스타트업,
브랜드로 지속 성장하다

라비또,
깜찍한 디자인으로 세계를 사로잡다

여러분, 이런 스마트폰 케이스를 아시나요?

라비또의 스마트폰 케이스
출처: 라비또 네이버 스마트스토어

이 깜찍한 스마트폰 케이스는 한국 디자이너가 만든 것입니다. 바로 곽미나 대표의 디자인인데요. 곽미나 대표는 2010년 영국으로 유학을 떠났습니다. 유학 생활 중 현지 디자인 전시회에 토끼 귀 모양의 스마트폰 케이스를 출품하였습니다. 해외 바이어들은 이 스마트폰 케이스에 엄청난 호응을 해주었고, 이러한 호응에 힘

브랜드, 결국엔 상표등록이 필요합니다

입어 곽미나 대표는 ㈜라비또를 창업하게 되었습니다. 토끼 귀와 꼬리털이 달린 라비또의 케이스를 씌운 스마트폰으로 통화하는 해외 스타들의 모습이 매스컴에 오르내리자 급속한 입소문을 타게 됩니다. 라비또는 창업 초기부터 전 세계에 제품을 판매하며 커다란 성공을 거두었습니다.

라비또는 직접 제품을 제조하지 않으며 디자인이 핵심 경쟁력이므로 디자인권을 확보해야 합니다. 디자인권을 확보하면 무엇을 할 수 있을까요? '짝퉁'이 팔리는 것을 막을 수 있습니다. 라비또의 스마트폰 케이스처럼, 전 세계적으로 많은 호응을 얻게 되면 짝퉁이 우후죽순 등장하게 되고, 이때 디자인권은 이 골치 아픈 상황을 벗어나게 하는 해결사 역할을 톡톡히 합니다.

라비또의 디자인권
등록디자인 제30-0600219호, 제30-0721123호

디자인이 곽미나 대표의 핵심 경쟁력이지만 브랜드도 권리로 확보해야 합니다. 브랜드는 지식재산 분야에서 상표권이라고 합니다. 곽미나 대표는 영어 '래빗(rabbit)'과 한글 '토끼'를 합성하여 라비또(rabito)라는 브랜드를 확정하고, 2010년 9월 상표등록을 신청하고 상표권을 확보하였습니다. 상표등록 신청은 상품을 지정해야 하는데요, 'rabito'라는 상표는 '휴대폰 케이스'를 상품으로 지정하였습니다

라비또의 상표권
상표등록 제40-0891809호

곽미나 대표는 디자인권과 상표권이라는 지식재산에 기반을 두고 라비또를 2011년 4월 성공적으로 창업하였습니다. 창업 한 달 뒤부터 영국, 이탈리아, 미국의 백화점 등에 라비또의 상품이 진열되는 큰 성과를 거두었습니다.

브랜드는 소비자와 소통하며,
다른 제품과 연결시키는 경영 자산이다

라비또가 스마트폰 케이스 사업을 활성화시키자, 많은 사람들이 동물 캐릭터 디자인을 결합한 스마트폰 케이스 디자인을 선보였습니다. 특허청에 따르면 곽미나 대표가 2010년 토끼 모양 스마트폰 케이스의 디자인 등록을 신청한 후, 디자인 등록 신청이 2010년 5건에서 2011년 100건으로 대폭 늘어났습니다. 스마트폰 케이스 디자인은 토끼, 동물 귀, 돼지, 사람, 펭귄 등 다양한 동물 캐릭터와 결합되어 발전됩니다. 디자인을 포함하는 지식재산권의 순기능으로, 혁신적인 디자인은 또 다른 디자인을 낳게 하는 단서를 제공합니다. 결국 혁신적인 디자인이 새로운 제품 시장을 만들어냅니다. 디자인 등록 신청 건수가 기하급수적으로 증가했다는 것은 혁신적인 디자인이 소비자에게 폭발적인 호응을 얻었다는 것을 반증하는 결과입니다.

동물 캐릭터 디자인이 결합된 스마트폰 케이스 디자인들
등록 디자인 제30-0635759호, 제30-0622373호, 제30-0635137호, 제30-0602605호,
제30-0621359호

이러한 현상을 보면, 라비또는 다소 불만족스러울 수도 있습니다. 다양한 디자인권이 여러 기업에 분산되고 시장 지배력이 약화되기 때문입니다. 하지만 사회 전체에 이로운 것은 분명합니다. 마이클 골린(Micheal A. Gollin) 교수가 『Driving Innovation』이라는 저서에서 '이노베이션 숲(Innovation forest)'이라는 이미지로 혁신의 사이클을 설명했듯이, 하나의 창작 활동이 단지 한 디자인권만의 씨앗이 되는 것은 아닙니다. 즉, 하나의 창작 활동이 성장하여 혁신적인 디자인으로 성공하면, 이 디자인을 바탕으로 하여 많은 디자인들이 탄생하고 함께 성장하며 숲을 이루게 됩니다. 이 숲속에서 다른 창작 활동의 씨앗들이 함께 싹을 틔울 수 있도록 비옥한 토양이 대한민국에 조성됩니다. 다양한 성장 단계의 디자인들이 존

재하게 되고, 이러한 과정 속에서 발명과 브랜드들과 함께 울창한 숲을 이루게 됩니다. 결국 울창한 지식재산 숲은 자원이 부족한 대한민국 경제의 활력임에 틀림없습니다.

라비또는 이제 어떻게 해야 할까요? 스마트폰 케이스 디자인이 다양해지면서 시장 점유율은 낮아질 수밖에 없습니다. 제품 디자인의 수명이 보통 짧을 수밖에 없는 이유입니다. 자연스러운 현상이지만 스타트업에게는 당황스럽겠지요. 이때 필요한 것은 브랜드를 통한 사업의 확장입니다. 라비또의 스마트폰 케이스를 경험한 소비자는 'rabito'라는 브랜드 때문에 다른 제품을 큰 고민 없이 구매할 것입니다.

실제로 토끼 모양 스마트폰 케이스가 유명해지게 된 순간, 곽미나 대표는 여기에 머물지 않고 토끼 모양 디자인을 다양하게 응용하여 사업을 확장했습니다. 토끼 모양 디자인은 머그컵, 빈백(bean bag) 소파, 유아용 의자, 케이블 홀더, 모니터 메모보드에 응용되어 상품화되었습니다. 물론 다음과 같은 디자인권을 먼저 확보하는 순서를 밟았지요.

라비또의 다양한 디자인권

등록디자인 제30-0767994호, 제30-0779361호, 제30-0855961호, 제30-0703833호,
제30-0721137호

　라비또의 토끼 모양 디자인은 단순히 한 제품의 디자인이 아닌, 하나의 브랜드가 되었습니다. 토끼 모양 디자인은 라비또의 브랜드 아이덴티티로 자리 잡고 꾸준히 응용될 것이며, 이로써 브랜드의 가치는 계속 더해질 것입니다. 기존에는 기술이 밥 먹여준다고 생각했었지요. 이제는 기술만이 혁신의 대상이 아니고 사람의 감성을 자극하는 디자인과 소비자와 소통하는 브랜드도 중요해졌습니다. 앞으로도 기술 상향평준화는 디자인과 브랜드의 중요성을 자연스럽게 부각할 것이며, 스타트업이 브랜드를 통하여 지속 성장해나갈 수 있는 계기가 될 것입니다. 곽미나 대표의 사례는 기술을 중심에 두지 않는 창업자나 디자이너에게 큰 희망을 안겨줍니다.

3.
혁신 기술, 브랜드로
소비자와 소통하다

인텔,
혁신 기술을 브랜딩하다

    1991년 인텔은 컴퓨터의 부품에 해당하는 마이크로프로세서를 최종 사용자에게 직접 마케팅하는 'Intel Inside' 캠페인을 진행하였습니다. 인텔은 완제품을 판매하는 기업이 아니므로, 소비자와 접점이 없기 때문에 이러한 마케팅은 처음에는 이상하게 여겨졌다고 합니다. 다음의 캠페인 로고와 다섯 음의 멜로디로 TV 광고를 진행한 결과, 이제 소비자는 컴퓨터나 노트북에 'Intel Inside' 로고가 부착되어 있지 않으면 이상하게 생각할 정도가 되었지요.

인텔 캠페인 로고
출처: 인텔 홈페이지

마이크로프로세서와 관련된 혁신 기술을 소비자에게 설명한다는 것은 어려운 일입니다. 하지만 인텔은 이 캠페인을 통해 최고의 반도체 기술을 소비자에게 각인시켰고, 완제품 제조업체가 인텔의 제품을 적극적으로 구매하도록 만들었습니다. 혁신 기술을 적용한 부품에 대한 브랜딩이 성공한 대표적인 사례라 할 수 있습니다. 인텔은 수많은 특허권을 통하여 자신의 기술을 보호하고 있지만, 브랜드를 통하여 자신의 제품에 가치를 더하고 소비자와 소통하였습니다.

　　인텔은 한국에서도 1991년 캠페인 로고를 상표등록 신청하였고, 이제 캠페인 로고가 변하면서 로고 ①은 상표등록이 소멸되고 로고 ②만 등록되어 있는 상태입니다.

　　① 상표등록 제40-0243028호　　　　② 상표등록 제40-0696209호

한미 FTA 협정에 따라 2012년 한국 상표 제도에 소리 상표가 도입됩니다. 소리 상표가 도입되자마자 인텔은 '다섯 음의 멜로디'를 소리 상표로 등록합니다. 재미있는 점은 소리와 관련된 설명을 기재하도록 되어 있는데, 인텔은 '다섯 음의 멜로디'를 다음과 같이 설명하고 있습니다.

이 소리상표는 첨부된 파일 및 악보에서와 같이 내림라 장조(Db major)의 4/4박자를 기본으로 하여, Db, Db, Gb, Db, Ab으로 이루어진 음의 배열로 구성되어 있습니다. 첫 번째 마디에서는 Db이 4분음표의 길이로 연주된 후 각각 1박(4분쉼표) 및 1/2박(8분쉼표)의 길이로 쉬고, 다시 Db이 8분음표의 길이로 연주되고, 이어 Gb과 Db이 각각의 8분음표 길이로 연주되며, 두 번째 마디는 Ab이 온음표의 길이로 연주되는 것을 그 구성으로 합니다.

상표등록 제40-1021202호

인텔은 반도체 부품을 판매하지만 소비자에게 직접 브랜드를 각인시키고 캠페인 로고와 멜로디를 적극적으로 상표등록하였습니다. 인텔과 비슷하게 한국 기업은 첨단 기술과 관련된 부품을 제조

하고 있습니다. 인텔의 성공 사례를 참조하여 특허권만 중시하던 관점에서 벗어나 상표권과 브랜드 역량을 강화해나가야겠죠?

뉴트라스위트, 특허권이 만료된
인공 감미료를 브랜드로 보호하다

　전자 또는 기계 분야의 혁신 기술은 원천 기술 외에도 개량 기술
이 상당히 많습니다. 이러한 분야는 끊임없는 연구·개발로 특허권
을 연속적으로 확보하여 시장 경쟁력을 유지할 수 있습니다. 하지
만 화학 분야에서는, 화학식은 이론적으로 하나이고 이에 대한 특
허권도 하나뿐이므로, 특허권의 존속기간이 만료되면 시장에서
더 이상 제품을 보호할 수 없게 됩니다. 특허권으로 보호할 수 없
다면 다른 지식재산권으로 보호받아야 합니다. 어떤 기업이든 이
러한 전략은 생존을 위해 반드시 필요합니다. 특허권보다 보호기
간이 더 긴 지식재산권을 생각해보시죠. 상표권은 등록일로부터
10년간 존속하지만, 10년마다 갱신하여 영구적으로 소유할 수 있
습니다. 따라서 특허권이 만료되더라도 상표권을 이용하여 기업의
경쟁력을 계속 유지할 수 있습니다.

특허권은 만료되었지만 상표권으로 시장경쟁력을 유지할 수 있었던 사례가 있습니다. 바로 뉴트라스위트(Nutrasweet)입니다. 1965년에 아스파탐이 발견된 후, 1981년 '뉴트라스위트'는 아스파탐에 대한 브랜드로 사용되었습니다. 많은 국가에 '뉴트라스위트'라는 상표를 등록하였고, 물론 한국에도 상표가 등록되어 있습니다. 아스파탐은 설탕 대용제로 사용되는 인공 감미료이기 때문에, 독립된 제품으로 판매되지 않아 소비자에게 직접 다가갈 수 없었습니다. 뉴트라스위트 컴퍼니는 코카콜라와 협력하여 코카콜라 라이트와 같은 제품에 아스파탐을 사용하였고 저칼로리 감미료의 브랜드로 '뉴트라스위트'를 홍보하여 성공을 거두게 되었습니다. 아스파탐에 대한 특허권이 만료되어 어떤 회사든지 아스파탐을 제조하고 판매할 수 있는 상황에서, '뉴트라스위트'라는 브랜드를 소비자에게 인식시켜 시장 경쟁력을 계속 유지할 수 있었습니다.

앞에서 설빙, 라비또, 인텔, 뉴트라스위트의 사례를 소개하였습니다. 이러한 사례에서 알 수 있는 것처럼, 스타트업이든 글로벌 기업이든 소비자와 소통하며 지속 성장하는 데에는 브랜드가 중요합니다. 브랜드는 상표 제도를 통하여 보호됩니다. 이제부터 상표 제도에 대한 상식을 함께 쌓아볼까요?

CHAPTER 2

어떤 브랜드가
보호되는가

1.
누구도 독점할 수 없는
브랜드가 있다

새우깡, 새우로 만든 과자라는 뜻인가, 브랜드인가

농심 새우깡이 인기리에 판매되고 있던 상황에서, 1986년 삼양식품은 다음과 같은 상표등록을 신청합니다. 또한 삼양식품은 농심의 '새우깡'에 대한 등록상표 제40-0029862호를 무효화시키기 위한 심판을 청구하게 됩니다. 삼양식품과 농심은 '새우깡'이라는 상표를 두고 서로 물러설 수 없는 법적 분쟁에 빠져듭니다. '새우깡'은 새우로 만든 과자라는 뜻인데 누구나 사용할 수 있는 것일까요? 아니면 농심만 '새우깡'이라는 브랜드를 사용할 수 있을까요?

삼 양

새

우

깡

삼양식품의 상표등록 신청

상표등록 신청번호 제40-1986-0013416호

농심 새우깡

출처: 새우깡 홈페이지

상표는 보통 브랜드라고 합니다. 브랜드라는 단어는 농장에서 키우는 소가 누구의 소유인지 '식별'하기 위하여 소의 피부에 인장을 찍는 것에서 유래했다고 합니다. 즉, 상표는 자신의 상품을 다른 '출처'의 상품과 식별하는 기능을 합니다. 상표는 기본적으로 상품의 출처를 '식별할 수 있는 힘(식별력)'이 있어야 상표등록이 가능합니다. 누구나 사용해야 하는 상표는 혼자서 독점할 수 없습니다. '식별할 수 있는 힘'이 있는지는 그 상표가 사용되는 상품과 관련하여 따져보아야 합니다.

만일 '사과'라는 상품에 대해 '애플'이라는 상표는 누군가 혼자서 독점할 수 없습니다. '사과'를 '애플'이라고 부르지 못하는 일이 발생하기 때문이지요. 만일 누군가 '컴퓨터'라는 상품에 '애플'이라는 상표를 사용하겠다고 하면 이것은 다른 이야기가 됩니다. '컴퓨터'의 브랜드로 '애플'을 누군가 독점하더라도 다른 사람에게 피해가 가지 않기 때문입니다.

'새우깡'은 식별할 수 있는 힘이 있을까요? '새우깡'에서 '새우'는 과자를 새우로 만들었다는 것을 설명하며, '깡'은 과자류에서 관용적으로 사용되는 것입니다. 결국 '새우깡'은 기본적으로 '새우로 만든 과자'라는 뜻으로 사용되어 상표로서 식별할 수 있는 힘이 없습니다. 그런데 문제는 농심이 '새우깡'을 1973년 상표로 등록하고 오랫동안 사용하여, 이제 '새우깡'이라고 하면 '농심의 새우깡'이라고 사람들이 인식한다는 점입니다. 1990년 대법원(90후38)은 '손이 가요 손이 가, 새우깡에 손이 가요…'라는 CM송으로 농심이 광고를 진행해온 사실과 농심이 오랫동안 상표를 사용하며 소비자에게 널리 인식된 점을 들어, '새우깡'은 새우로 만든 과자라는 의미를 넘어 '농심의 새우깡'으로 인식되는 '상표로서 식별할 수 있는 힘'이 있다고 하였습니다. 즉, '삼양 새우깡'이라는 상표에서 '새우깡'은 농심이 소유하고 있는 상표와 유사하므로 등록 받을 수 없게 된 것이에요.

어떤 상표가
식별할 수 있는 힘이 강한가

'새우깡'이 상표로서 식별할 수 있는 힘이 없다고 했다가 결국에는 식별할 수 있는 힘이 있다고 하니 참으로 헷갈립니다. 정확한 이해를 위하여 상표가 가진 '식별할 수 있는 힘'이 강해질 수 있는 방법부터 알아볼까요?

식별력에 따른 상표의 구분

특허청 심사기준의 예시를 통해 식별력에 따른 상표의 구분에 대해 알아보겠습니다. 상표의 식별력은 그 상표가 사용되는 상품이 무엇인지가 중요한데, 상품이 '캔디'인 경우를 기준으로 설명합니다. 가장 식별력이 없는 상표는 보통명칭(상품의 일반 명칭) 상표입니다. 상품이 '캔디'인데 그 명칭인 'CANDY'를 상표로 선택한다면 식별할 수 있는 힘이 없다는 이유로 등록이 될 수 없습니다. 이러한 상표는 자기 상품과 타인의 상품을 구별하게 해줄 수 없으며, 특정인이 독점하기에 적합하지 않습니다.

보통 사람들은 상품의 특성을 직접적으로 설명해주는 상표를 자신이 갖고 싶어 합니다. 이렇게 상품의 성질을 표시하는 상표를 '성질표시 상표' 또는 '기술적 상표'라고 합니다. '성질표시 상표'가 자주 문제가 되는 이유는 브랜드를 통하여 소비자에게 상품을 쉽게 설명하려는 의도와, 다른 사람이 상품을 설명하는 문구를 사용하지 못하도록 하고 싶은 심리 때문입니다. 예를 들어 상품이 '캔디'인데 'SWEET'를 상표로 선택한다면 원칙적으로 등록이 될 수 없습니다. '캔디'가 달콤하다는 문구를 특정인만 상표로 사용하도록 허용할 수 없다는 이유입니다.

만일 상품의 성질을 직접 설명하지 않고 간접적으로 암시하는 정도의 상표라면 식별할 수 있는 힘이 있습니다. 예를 들어 '캔디'라는 상품의 상표로 'SWEETARTS'라는 상표를 선택했다면 등록될 수 있습니다. 'SWEET'라는 상표와 다르게 'SWEETARTS'는 식별할 수 있는 힘이 있다고 여기기 때문입니다. '성질표시 상표'인지 '암시적 상표'인지 그 경계가 애매한 경우가 많습니다. 더 나아가 상품과 관련이 없는 용어를 상표로 선택한다면 상표등록을 받을 수 있습니다. 이를 '임의선택' 상표라고 합니다. 예를 들어 상품이 '캔디'인데 'PRINCE'라는 상표를 선택한다면 식별할 수 있는 힘을 인정받을 수 있습니다. 더 강력한 상표는 세상에 없던 용어를 만드는 것입니다. '창작 상표' 또는 '조어 상표'라고 합니다. 예를 들어 상품이 '캔디'인데 세상에 없던 용어인 'HONIVAL'을 상표로 선택한다면 식별할 수 있는 힘이 강력하여 등록이 가능합니다.

이렇게 식별할 수 있는 힘이 없는 상표에 대해서 법에서는 예시적으로 나열하고 있습니다. 보통명칭 상표, 관용적으로 사용되는 상표, 성질표시 상표, 지리적 명칭, 흔히 있는 성 또는 명칭, 간단하고 흔히 있는 상표가 대표적입니다. 특히 상표에 지리적 명칭을 사용하는 경우가 많습니다. 법에서 '현저한' 지리적 명칭은 상표등록을 할 수 없다고 규정하는데, 특허청 심사기준에서 국가, 도, 시, 군, 구의 명칭과 관광지, 번화가 등의 명칭을 말한다고 합니다. 예를 들어, '천마산 곰탕'이라는 상표에서 '천마산'은 경기 양주군 화도면과 진건면 사이에 위치한 산으로 스키장 등 겨울 레저스포츠 시설이 설치되어 있고, 사시사철 산을 오를 수 있도록 등산로가 개설되어 있는 등으로 일반 수요자나 거래자에게 널리 알려져 있으므로, '천마산'은 현저한 지리적 명칭에 해당하여 상표로 등록이 될 수 없다고 대법원(90후600)이 판시하였습니다.

흔히 있는 성 또는 명칭도 식별할 수 있는 힘이 없고 특정인이 독점할 수 없습니다. 예를 들면 '윤씨농방', 'PRESIDENT'가 있습니다. 간단하고 흔히 있는 표장도 자주 등록이 거절되고 있는데, 1자의 한글이나 2자 이내의 알파벳은 등록될 수 없습니다. 다만 LG와 같이 이미 유명해진 상표는 등록될 수 있으며, 외국문자 2자를 '&'로 연결해도 거절되지 않습니다.

식별할 수 있는 힘이 없는 상표 중 성질표시 상표, 지리적 명칭 등이 오랫동안 사용되어 소비자에게 특정인의 상표로 인식되면 예외적으로 상표로 등록될 수 있습니다. 앞에서 예로 든 '새우깡'은 새우로 만든 과자라는 뜻이지만 농심이 오랫동안 사용하여 식별할 수 있는 힘을 얻게 되었습니다. 즉, '새우깡'이라고 하면 새우로 만든 과자라는 의미를 넘어서서, '농심 새우깡'을 의미한다고 소비자에게 인식되었다는 것이지요. 이렇게 예외적으로 상표를 인정받으려면, 상표의 사용기간, 판매량, 시장점유율, 광고의 방법 및 횟수 등 입증 자료를 제출해야 합니다.

이해를 돕기 위하여 다른 사례를 소개해볼까요? 가수 이효리 씨의 남편 이상순 씨의 친척이 운영한다고 알려진 '해운대암소갈비집'의 상표등록 과정은 험난했습니다. 한식점의 상호를 제43류의 한식점업에 상표등록을 신청하자 특허청은 등록을 거절합니다. 앞에서 설명한 것처럼, '해운대'는 '부산광역시 해운대구에 있는 바닷가'로서 현저한 지리적 명칭이고, '암소갈비집'은 '암소를 재료로 사용하는 갈비집'을 뜻하므로 성질표시에 해당합니다. 따라서 현저한 지리적 명칭과 성질표시는 식별할 수 있는 힘이 없으며, 이러한 단어들의 조합은 일반 소비자가 누구의 업무와 관련된 상표인지 식별할 수 없다는 이유로 거절됩니다. 이에 상표등록 신청인은 거절결정에 대한 불복 심판을 청구(2020원2576)하고, 연간 100억의 매출을 올리고 있고 맛집으로 언론에 수차례 보도된 점, 갈비집에 대한 검색량과 순위 그리고 브랜드 인지도 조사 등을 증거 자료로 제출합니다. 결국 '해운대암소갈비집'은 소비자에게 상표등록 신청인의 한식점으로 인식되었다는 점을 인정받아 상표 거절결정을 해소하게 됩니다.

해운대암소갈비집

상표출원번호 제40-2019-54765호

한편 원래 식별할 수 있는 힘이 있는 상표라도 너무 유명해지면 상품의 보통명칭으로 불릴 수 있습니다. 대표적인 예가 '초코파이'

입니다. 1974년부터 '오리온 초코파이'를 사용하였지만 롯데, 크라운, 해태 등 경쟁업체가 1979년경부터 초코파이 표장을 상품명으로 광범위하게 자유롭게 사용하게 되었고, 각종 언론매체에서도 마치 '초코파이'가 상품의 종류를 나타내는 보통명칭인 것처럼 사용해온 결과, '초코파이'는 원형의 작은 빵과자에 마쉬멜로우를 넣고 초콜릿을 바른 제품을 의미하는 것으로 소비자에게 인식되어, '초코파이'라는 상표는 상품의 보통명칭으로 되어 식별력을 상실했다고 하였습니다. 이러한 특허법원 판결(99허185)에 따라 이제 '초코파이'라는 명칭은 오리온뿐만 아니라 누구나 사용할 수 있게 되었어요.

브랜드, 결국엔 상표등록이 필요합니다

2.
브랜드 중 무엇을 상표로
등록해야 하는가

허니버터아몬드,
포장 디자인도 브랜드다

견과류 제품을 판매하는 머거본은 길림양행의 아몬드 제품에 대한 상표등록이 무효라는 심판을 청구하여 다투게 되었습니다. 특이한 점은 이 등록된 상표가 아래와 같은 포장 디자인이라는 것입니다. '허니버터아몬드'가 제품의 브랜드인지 따져볼 수 있지만, 포장 디자인이 상표로 등록되어 우리에게 좀 어색합니다.

상표등록 제40-1134685호

브랜드, 결국엔 상표등록이 필요합니다

먼저 특허법원은 '허니버터아몬드'라는 글자는 제품의 '원재료'를 표시하는 것이므로, 브랜드로 볼 수 없다고 하였습니다. 브랜드는 자신의 상품을 타인의 상품과 구별할 수 있게 만드는 표지인데, 상품의 원재료를 제품명으로 하는 경우 식별력이 없어 상표로 등록될 수 없다는 의미입니다.

그렇다면 포장 디자인이 등록된 이유는 '허니버터아몬드'라는 글자가 아닌 포장에 그려져 있는 그림 때문입니다. 이 포장 디자인이 과연 자신의 상품을 타인의 상품과 구별할 수 있게 만드는 '브랜드'인가 하는 점이 쟁점이 되었습니다.

특허법원(2019허2837)은 다음과 같은 이유로 포장 디자인이 브랜드라고 판단하였습니다. "① 피고는 이 사건 등록상표를 상표로 사용할 의사를 가지고 상표등록 출원을 하였고 실제로 허니버터아몬드 제품의 포장지 전면에 이 사건 등록상표를 표시하는 방식으로 사용해온 점 ② 이 사건 등록상표 중 '허니버터아몬드' 문자 부분은 식별력이 없고, 도형 부분만이 지정상품과 관련하여 식별력이 있는 점 ③ 다양한 연령층의 소비자들이 저렴한 가격 등의 이유로 높지 않은 주의력으로 제품을 고르는 과자, 스낵 등의 상품에는 새로운 제품을 쉽게 이해할 수 있도록 초코파이, 새우깡, 허니버터아몬드 등의 식별력 없는 문자 상표를 제품의 상표로 흔히 사용하고 있어, 포장 전면에 표시된 도형상표가 상품의 식별표지로서 주로 사용되고 있는 점 ④ 수요자들 역시 과자, 스낵 등의 상품의 경우 포장 전면에 표시된 도형으로 제품의 출처를 식별하는 것이 일반적인 점 등을 고려할 때, 이 사건 등록상표 중 도형 부분은 상표로서의 출처표시기능이 인정된다고 보아야 한다."

과자 제품의 경우, 소비자가 높지 않은 주의력으로 제품을 고르고 제품명은 보통 제품을 설명하는 표지가 사용되기 때문에 포장 디자인이 브랜드의 역할을 한다는 것입니다. 다만 모든 제품에 동일한 논리가 반드시 적용된다고 볼 수는 없겠지요.

이렇게 과자의 포장 디자인이 브랜드라는 점은 여러 시사점을 줍니다. 소비자가 가격이 낮아서 높지 않은 주의력으로 제품을 고른다면 제품명은 설명 문구로 하고 포장 디자인을 브랜드로 등록하는 전략을 취할 수 있습니다. 한편 포장 디자인으로 상표를 등록하면서 디자인 등록을 동시에 추진할 수 있습니다. 상표권과 디자인권의 경계가 점차 모호해지는 것 같습니다.

브랜드로 기능할 수 있는 대상을
상표로 등록해야 한다

앞의 사례에서 무엇을 느끼셨나요? 상표로 등록할 대상은 결국 출처를 표시해주는 부분입니다. 상표 관련 법률을 고려해야겠지만, 이보다는 비즈니스 전략에 따라 상표를 등록해야 합니다. 자주 묻는 질문은 한글과 영어 브랜드가 있을 때 어떤 것을 등록해야 하느냐입니다. 그러면 오히려 역으로 어떤 브랜드를 '사용'하게 될지 묻게 됩니다. 실제 비즈니스에서 활용할 브랜드를 상표로 등록하는 것이 당연합니다. 만일 한글과 영어의 발음이 완전히 동일한 정도라면, 한글과 영어를 상하로 적어서 상표등록을 추진해도 됩니다. 한글과 영어의 발음이 동일하니 어느 하나만 사용해도 법률상 문제가 되지 않기 때문입니다. 뒤에서 설명할 상표등록 불사용 취소심판에서 자세히 설명됩니다.

만일 한글과 영어의 발음이 다르다면 어떻게 브랜드를 사용할지에 따라 결정되는데, 별도로 표기하여 사용한다면 한글과 영어 브랜드를 각각 상표로 등록하는 것이 법률상 안전합니다. 한글과 영어 브랜드를 상하로 기재하여 상표등록을 완료했는데, 영어 브랜드만 사용하게 되면 상표를 사용하지 않았다는 이유로 상표등록이 취소될 수 있기 때문이에요.

만일 해외 진출을 위하여 상표등록을 추진한다면, 한글이 포함된 브랜드보다는 영어만으로 된 브랜드를 우선적으로 한국에 상표등록해야 합니다. 한국 상표를 기반으로 해외에 상표등록을 신청하기 때문에 한국과 해외 상표가 동일함이 전제되어야 하겠죠.

이러한 관점에서 하나의 브랜드에 다양한 요소가 들어가지 않는 것이 좋습니다. 어떤 사람들은 하나의 브랜드에 여러 요소(그림, 글자, 설명 문구 등)를 포함시켜 하나의 상표등록을 완료하면 큰 성공을 거둔 것으로 오해합니다. 되도록 단순한 요소로 구성된 브랜드를 상표등록해야만 상표를 사용하지 않았다는 이유로 등록이 취소되지 않으며, 상표권을 행사할 때 상대방을 수긍시키기 쉽습니다. 또한 다음의 예시와 같이 단순한 요소로 구성된 상표를 등록한 후, 수식어나 상품의 명칭을 결합시켜서 사용하는 편리함이 있지요.

등록상표

실제 사용 상표

출처: 대법원 2010.10.28.선고 2010후1435 판결

어떤 사람들은 브랜드의 글자체가 중요하다고 생각합니다. 하지만 상표 제도의 관점에서 글자체는 크게 영향을 받지 않습니다. 아직 브랜드의 디자인이나 로고 작업이 이루어지지 않았다면, 글자 그대로 타이핑하여 상표등록을 신청하면 됩니다. 만일 브랜드의 디자인이나 로고 작업이 기왕에 완료되었다면 디자인된 브랜드 그대로 상표등록을 신청하면 됩니다.

한글이나 영어와 같은 문자와 심볼(도형)이 브랜드로 준비되었다면, 문자 상표와 심볼(도형) 상표를 각각 상표등록을 해두는 것이 좋습니다. 앞에서 언급한 대로 단순한 요소로 구성된 브랜드가 상표로 등록될 때 권리로서 안정성이 있습니다.

브랜드가 글자나 그림이 아닌 입체적인 디자인(형상)이라면 상표로 등록이 가능할까요? 이런 것을 우리에겐 다소 생소한 '입체상표'라고 합니다. 입체상표란 3차원적인 입체적인 형상 자체 또는 입체적 형상에 문자 등을 결합한 상표를 말합니다. 우리가 잘 알고 있는 입체상표는 코카콜라 병, KFC 할아버지 인형입니다. 요즘 많이 회자되는 트레이드 드레스(Trade Dress)와 일맥상통하지요. 트레이드 드레스는 상품이나 서비스의 총체적인 이미지를 뜻하는 것으로 입체상표보다는 더 넓은 개념입니다.

입체상표는 물품의 외관 디자인을 보호하는 디자인보호법의 보호대상과 중첩되며, 입체적 형상이 대체적으로 상품의 출처를 표시하기보다는 디자인적 요소가 많으므로 논란이 되고 있습니다. 어떤 입체적 형상이 상표로 등록되기 위해서는 입체적 형상 자체가 소비자에게 브랜드로 인식되어 소비자가 상품을 식별할 수 있어야 합니다. 대체로 유명한 상품이거나 오랫동안 판매되어온 상품의 형상은 소비자에게 브랜드로 인식되기 마련입니다. 따라서 코카콜라 병처럼 제품의 입체적 형상이 소비자에게 이미 브랜드로 인식되었다면 상표로 등록할 수 있습니다.

입체상표의 대표적인 예는 롯데 아이스크림인 스크류바, 수박바, 죠스바입니다. 이 중 스크류바를 예로 들어 설명하면, 스크류바에 대한 입체상표등록을 신청하자 특허청에서 상품의 형상을 표시하는 상표라는 이유로 거절되었지만, 롯데는 특허청의 거절결정에 불복하여 특허심판원에서 '사용에 의한 식별력'을 인정받았습니다.

롯데 아이스크림 입체상표

상표등록 제40-1036102호, 제40-1036104호, 제40-1138531호

구체적으로 특허심판원(2012원8802)은 '스크류바'가 입체상표로 등록될 수 있는 이유를 다음과 같이 설명하고 있습니다.

"이 사건 상표의 경우 전체적인 형상이 다수의 굴곡진 홈통이 규칙적으로 세로로 배열되면서 상하 방향으로 비틀림 구조를 가지는 독특한 형상을 가지는 것으로서 아이스크림의 일반적인 형상이라 할 수 없으며, 그 형상 자체가 누구나 사용을 원하거나 흔히 사용되고 있는 형상도 아닐 뿐만 아니라 아이스크림 제품을 구성하는 데 필연적으로 사용되거나 일반적으로 널리 사용되는 형상으로도 볼 수 없다.

또한, 이 사건 상표가 사용된 청구인의 아이스크림 제품(스크류바)이 1985년 출시된 이래 누적 판매량과 매출액이 각 22억 개, 3,000억 원에 달하는 점, 2000~2009년 집계된 광고비만 하더라도

약 54억 원에 달하고 이 사건 출원상표의 입체적 형상 그대로 광고에 지속적으로 노출된 점, 이 사건 출원상표의 독특한 모양을 강조하는 '이상하게 생겼네 롯데 스크류바, 빙빙 꼬였네 들쑥날쑥해 롯데 스크류바'라는 가사의 CM송을 제작하여 광고하여 널리 알려진 점 등을 고려해볼 때, 이 사건 상표는 아이스크림 관련 상품 분야에서 청구인의 상표로 인식되어 당해 지정상품의 출처표시 기능을 충분히 발휘하고 있다고 할 수 있다.

결국, 이 사건 상표는 비록 막대형 아이스크림 형상을 모티브로 하고는 있으나, 입체상표로서 지정상품에 사용되고 있을 뿐만 아니라, 지정상품과 관련하여 볼 때 외관상 식별력이 인정되며, 다수인이 현실적으로 사용하고 있다는 근거도 없고, 공익상 특정인에게 독점시키는 것이 부적합하다고도 볼 수 없다."

롯데 스크류바는 판매량이 많고 판매 기간도 길며, 특히 우리 귀에 익숙한 '이상하게 생겼네 롯데 스크류바, 빙빙 꼬였네 들쑥날쑥해 롯데 스크류바'라는 가사의 CM송 등으로 광고한 점들을 인정받았습니다. 이렇게 오랫동안 사용된 결과, '스크류바'라는 글자가 표시되어 있지 않더라도 우리는 스크류바를 알아볼 수 있습니다. '스크류바'라는 글자가 아닌 스크류바의 아이스크림 형상 자체가 브랜드가 되었습니다.

덮죽,
메뉴의 이름도 상표로 등록될 수 있을까

SBS 예능프로그램 '백종원의 골목식당'에서 소개된 포항 덮죽집은 방송 이후 다른 사람이 먼저 상표등록을 신청하면서 많은 논란을 낳았습니다. 포항 덮죽집 사장은 시금치와 소고기가 들어간 '시소덮죽', 소라와 돌문어가 들어간 '소문덮죽'에 대해 상표등록을 신청하여 심사를 통과한 상태입니다. 이 상표들은 제30류의 쇠고기버섯죽 등을 상품으로 지정하였습니다.

원래 메뉴의 이름은 음식을 설명하거나 식당에서 제공하는 서비스의 명칭이므로 브랜드라고 할 수 없습니다. 즉 메뉴의 이름은 브랜드로서 사용되지 않습니다. 다만 특허청에서 심사가 이루어질 때, 실제로 쇠고기버섯죽 등의 브랜드인지 단순한 메뉴의 이름인지 확인할 수 없으므로, 일반적인 심사 과정을 거치게 됩니다. 만일 메뉴의 이름에 앞에서 설명한 '식별할 수 있는 힘'이 없다면 등록될 수 없습니다. 단순히 음식의 재료 등으로 이루어진 메뉴 이름은 상표등록을 받을 수 없다는 것이죠. 반면 '시소덮죽'과 같이 메뉴 이름을 보고 음식의 재료 등을 직감할 수 없다면, '식별할 수 있는 힘'이 있으므로 심사를 통과할 수 있습니다.

이렇게 메뉴의 이름이 상표로 등록된다면 모든 문제가 해결되어 안심할 수 있는 상황일까요? 다음의 '폭탄밥'이라는 상표는 제30류 주먹밥 등을 지정하여 등록됩니다. 실제로 상표권자는 식당에서 닭요리 및 점심특선의 메뉴판에 삼계탕, 닭곰탕 등 여러 메뉴 중의 하나로 '폭탄밥'을 기재하여 판매하였다고 해요.

폭탄밥

상표등록 제40-550190호

하지만 주식회사 농심은 등록된 '폭탄밥' 상표를 사용하지 않았으므로 등록을 취소해달라는 심판을 제기합니다. 이에 대해 특허법원(2014허8861)은 다음과 같이 판단하고 상표등록을 취소합니다.

"원고의 통상사용권자인 주식회사 탐앤탐스(대표자 원고)가 운영하는 'ㅇㅇㅇㅇ'이라는 음식점에서 2014. 2. 17.경 '폭탄밥'이라는 메뉴를 3,000원에 제공한 사실이 인정되기는 하나, 상표법에서의 상품은 상거래의 목적물로서 유통과정에 놓이는 교환가치를 가지는 유체물을 말하고, 유통성과 양산성을 전제로 하는데, 위 'ㅇㅇㅇㅇ' 이라는 음식점에서 제공한 폭탄밥이라는 음식물은 유통과정에 놓이는 것이 아니기 때문에 상표법에서의 상품에 해당하지 않는다. 따라서 위 음식점에서 메뉴판에 폭탄밥이라는 표장을 사용하는 것이 위 음식점에서 제공하는 서비스업에 사용된 것으로 볼 수는 있어도, 상표적 사용으로 볼 수는 없다고 할 것이다."

즉, '폭탄밥'이라는 상표는 시중에서 유통되는 주먹밥의 브랜드로 등록되었으므로, 식당에서 제공하는 서비스 중 하나로서 '폭탄밥'이라는 메뉴명을 사용한 것은 등록상표의 사용이 아니라는 뜻입니다. '폭탄밥'이라는 상표를 마트에서 포장 및 유통되는 주먹밥의 브랜드로 사용해야 상표등록의 취소를 면할 수 있습니다. 또한 다른 사람이 메뉴명으로 '폭탄밥'을 사용하더라도, 등록상표를 사용하는 것이 아니므로 상표권의 침해를 선뜻 주장하기 어려워집니다.

포항 덮죽집의 메뉴 이름인 '시소덮죽'과 '소문덮죽'은 이미 심사를 통과하여 상표로 등록될 것입니다. 그렇다면 상표등록이 필요하지 않은 것일까요? 그렇지 않습니다. 만약 '시소덮죽'이나 '소문덮죽'이 상품으로 개발되어 마트 등에서 유통된다면 적법한 등록상표를 사용하는 것이 됩니다. 메뉴명이 브랜드로 되는 현상은 시대변화에 따라 가속화되지 않을까 예상해봅니다. 또한 상표등록을 먼저 신청해놓으면, 다른 사람이 상표를 무단으로 선점하는 것을 방지할 수 있겠지요.

한편, 상호와 브랜드를 혼동하는 분들이 많습니다. 상호의 사전적 의미는 '상인이 영업 활동을 할 때 자기를 표시하기 위하여 쓰는 이름'입니다. 예를 들어 삼성의 Galaxy 스마트폰은 상호가 삼성전자 주식회사이며 스마트폰이라는 상품의 브랜드는 Galaxy입니다. 상호와 브랜드가 서로 일치하지 않습니다. 반면 식당과 같은 서비스업에서는 상호와 브랜드가 일치하는 경우가 많습니다. 예를 들어 부산의 맛집 '사미헌'은 상호가 ㈜사미헌이고 매장의 간판 등에 사용하는 브랜드도 '사미헌'으로 일치합니다. 다만 브랜드는 '사미헌' 외에도 한자로 구성된 도장 모양도 포함합니다. 다음과 같이 제43류 한식점업 등을 서비스업으로 지정하여 이 브랜드를 상표로 등록하였습니다.

상표등록 제41-0217655호

서비스업의 상호라도 유통되는 상품의 브랜드로 활용되는 경향이 가속화되고 있습니다. 사미헌의 포장된 상품은 마켓컬리에서도 판매되고 있고, 직접 운영하는 사미헌몰에서도 판매합니다. 이제 사미헌은 한식점업의 브랜드이자 상품의 브랜드이기도 합니다. 이미 등록된 상표 외에도 제29류 육류가공식품 등을 상품으로 지정하여 추가적인 상표등록이 필요하게 됩니다. 결국 상호가 브랜드로 활용된다면 그 서비스업이나 상품을 지정하여 상표로 등록하는 것이 필요한 것입니다.

출처: 사미헌몰 홈페이지

지리적 표시,
단체가 제출하면 식별하는 힘이 있다

현저한 지리적 명칭은 식별할 수 있는 힘이 없다고 했지요? 그런데 지리적 표시를 단체가 제출하면 식별하는 힘이 있습니다. 이건 또 무슨 말일까요? 지리적 표시란 상품의 특성이 본질적으로 특정 지역에서 비롯되었음을 나타냅니다. 상품의 특성이 해당 지역의 지리적 환경 때문이므로, 지리적 표시가 특정 지역의 명칭이지만 그 상품과 관련하여 일반 소비자에게 인식되어 식별할 수 있는 힘을 가지고 있습니다.

다음의 예시처럼 '안동'은 현저한 지리적 명칭이지만 '안동 사과'는 지리적 표시로서 상표로 등록될 수 있습니다. 상표로 등록하려면 개인이 아닌, 사과를 생산하는 법인(단체)이 신청해야 하며 이 단체에 소속된 회원이 사용하게 됩니다. 이를 '지리적 표시 단체표장'이라고 합니다. 이 제도는 지역의 농수산물이나 가공품을 보호하고 지역 경제를 활성화하는 데 기여하고 있습니다.

브랜드, 결국엔 상표등록이 필요합니다

지리적 표시 단체표장 등록 제44-0000051호

　　이와 유사하게 우리가 자주 접하는 인증마크를 상표로 등록하는 '증명표장' 제도가 있습니다. 다음의 예시처럼 정부에서 세계 일류 상품을 선정하고, 선정된 기업에서 인증마크를 사용할 수 있도록 도와주는 제도입니다. 증명표장을 등록한 정부가 직접 사용하지 않고, 선정된 기업이 자신의 상품에 사용한다는 특징이 있습니다.

세계일류상품

증명표장 등록 제47-0000011호

　　자신의 비영리 업무를 나타내기 위하여 사용하는 '업무표장'이라는 제도도 있습니다. 다음과 같이 특허청은 '특허/실용신안/디자인/상표에 관한 출원 및 등록 관련 업무'를 수행하면서 캐릭터를 그 업무에 사용할 목적으로 업무표장을 등록하였습니다.

업무표장 등록 제42-0004172호

브랜드, 결국엔 상표등록이 필요합니다

3.
비슷한 브랜드가 있다면
상표로 등록할 수 없다

커피빈, '커피원두'가 아닌
'콩다방'으로 애칭되다

'식별할 수 있는 힘'이 없는 상표는 등록을 포기해야 할까요? 포기할 수 없다면 통상적으로 도형 또는 심볼을 결합시켜 상표를 등록하게 됩니다. 보통 도형에는 식별할 수 있는 힘이 있다고 말합니다. 그 도형이 상품 자체 또는 상품의 원재료 등 성질을 표시하는 방법이라고 판단될 확률이 문자에 비해 낮기 때문입니다. 다음과 같은 돼지 도형과 관련된 상표는 음식점업을 지정하였으나 사실적으로 표현된 돼지의 사진만으로 구성되지 않았기에 등록되었습니다. 도형 상표는 서로 상표의 겉모습(외관)으로 비교하므로 서로 유사하지 않다고 판단될 가능성이 높습니다. 그렇다고 다른 사람이 가지고 있는 저작물을 이용하여 상표를 등록하는 경우, 등록한 상표를 사용하면 저작권을 침해할 수 있으니 주의해야 합니다.

상표등록 제401421980호

상표등록 제40-1340608호

성질표시 상표에 도형을 결합한 예시는 '커피빈'입니다. 우리가 알고 있는 커피 전문점 커피빈은 다음과 같이 상표를 커피, 홍차라는 상품에 대해 등록시킵니다.

커피빈 상표권

상표등록 제40-0438428호

이 상표에서 'Coffee Bean'과 'Tea Leaf'는 커피 원두와 찻잎을 설명하는 문구로 '식별할 수 있는 힘'이 없습니다. 하지만 좀 단순해 보이기는 하지만 도형 때문에 상표등록이 가능했지요. 상표에 '식별할 수 있는 힘'이 없다고 말하면, 어떤 사람들은 수식하는 문자를 길게 붙여서 등록해달라고 합니다. 예를 들어, '맛있는 사과'는 '사과'에 대해서 식별할 수 있는 힘이 없으니 등록이 불가능하다고 하면 '안동에서 나오는 정말 맛있는 사과'라고 수식어나 부기적인 요소를 붙입니다. 하지만 이러한 조치는 '식별할 수 있는 힘'을 얻는 데는 도움이 되지 못합니다. 오해하지 말아야 할 부분입니다.

커피빈은 식별력 있는 도형과 식별력 없는 문자를 합쳐서 상표를 등록하고, 커피 전문점 사업에서 큰 성공을 거두게 됩니다. 이러한 상황에서 다음과 같은 상표가 등록됩니다.

coffee bean cantabile

코리아세븐의 상표등록

상표등록 제40-0802230호

코리아세븐이라는 회사는 커피 등에 'coffee bean cantabile'이라는 상표를 등록했는데, 커피 전문점으로 유명해진 커피빈은 자신의 상표권과 혼동할 수 있다는 이유로 문제를 제기합니다. 커피빈의 상표권에서 'coffee bean'은 본래 식별할 수 있는 힘이 없었으나 다음과 같은 이유(대법원 2011후835)로 식별력이 생겼다고 인정받습니다. 이와 같이 상표가 식별력이 없더라도 다음과 같이 상표의 사용기간, 판매량, 시장점유율, 광고의 방법 및 횟수 등을 입증 자료로 제출하면 추후 식별력을 인정받을 수 있으므로 참조할 만한 내용입니다.

"Coffee bean을 사용하는 매장이 2001. 5. 10. 청담점 1호점으로 개설된 이후, 2007년 말까지는 총 111개, 2008년 말까지는 총 148개, 2009년 말까지는 총 188개의 매장이 전국적으로 개설된 사실, 이들 매장을 관리하는 주식회사 커피빈코리아의 매출액은 2006년 350억 원, 2007년 679억 원, 2008년 917억 원, 2009년 1,112억 원을 기록한 사실, 2008. 5. 1.자 머니투데이에는 '세종로 중앙청사에 외국계 커피전문점 커피빈이 들어온다'라는 제목의 기사가…(중략)…각 실린 사실, 커피빈코리아는 2005년 및 2007년부터 2010년까지 한국서비스품질지수(KS SQI) 1위를 수상하였고, 2007년부터 2010년까지 4년 연속 한국산업 고객만족지수(KCSI) 1

위를 수상한 사실 등을 알 수 있다.

2009년 말을 기준으로 Coffee bean을 사용하는 매장의 수가 전국적으로 188개에 이르고, 이들 매장을 관리하는 주식회사 커피빈코리아는 국내에서 제2위의 커피체인점업체로서 2009년에 1,112억 원의 연 매출액을 달성하였고 2007년부터 2010년까지 4년 연속 한국산업 고객만족지수(KCSI) 1위를 수상하기도 하였으며, 매장들은 거래계에서 '커피빈'으로 약칭되어 왔고 특히 스타벅스가 '별다방'으로 애칭되는 것과 대비하여 커피빈은 '콩다방'으로 애칭되기도 하였으므로, 이 사건 등록상표의 등록결정시인 2009. 9. 1. 무렵에는 거래사회에서 오랜 기간 사용된 결과 그 구성 중 애초 식별력이 없었거나 미약하였던 'coffee bean' 부분이 수요자 간에 누구의 업무에 관련된 서비스업을 표시하는 것인가 현저하게 인식되어 있었다고 볼 여지가 충분히 있다."

커피빈의 사례처럼, 도형과 문자가 결합된 경우 이를 분리하여 인식할 수 있기 때문에 브랜드 전체가 아닌 문자만 서로 비교하여 상표의 유사 여부를 판단할 수 있습니다. 실제 소비자들은 브랜드에서 그 일부만으로 브랜드를 인식하고 부르기 때문입니다. 중요한 사실은 그 문자가 식별할 수 있는 힘이 없다면 독점할 수도 없기 때문에, 이 문자 부분을 비교하여 상표의 유사 여부를 판단할 수 없다는 것이죠. 커피빈 사례에서 'coffee bean'이라는 문자가 과연 식별할 수 있는 힘이 있느냐를 따진 이유입니다.

이렇게 'coffee bean' 부분이 '새우깡' 상표처럼 식별력이 있는 상표로 인정되자 'coffee bean cantabile' 상표는 커피빈의 등록상표와 비슷하다는 이유로 무효가 됩니다. 설령 식별할 수 있는 힘이 있는 상표라도 다른 사람이 먼저 신청하거나 등록한 상표와 비슷하다면 상표로 등록할 수 없습니다. 이 정도면 분명 상표가 다르다고 생각했는데 상표가 서로 비슷하다는 이유로 거절되는 경우도 많습니다.

만일 식별할 수 있는 힘이 없는 문자를 선택하였고 굳이 이러한 상표를 등록해야 할 상황이라면, 도형과 문자를 결합시켜 등록시키고 꾸준히 사용하여 식별력을 취득하는 방법을 고려해볼 수 있습니다. 식별력이 없는 상표의 문자만으로 어떤 권리를 주장할 수 없지만, 일반적으로 동일한 업종에서 동일한 상표(문자)로 사업을 하는 경우는 드뭅니다. 도형과 문자가 결합된 상표를 일단 등록한 후 사업이 성공 궤도에 오르면 문자만을 별도로 사용하면서 소비자에게 인식시키고 문자만의 상표를 등록하는 시도를 해볼 수 있습니다. 이러한 전략은 식별할 수 있는 힘이 없는 상표 또는 식별력이 있는지 없는지 모호한 상표에 적용할 수 있습니다. 결론적으로 식별할 수 있는 힘이 없는 문자를 상표로 등록해야 하는 상황이라면, 도형 또는 엠블럼을 문자에 결합시켜 상표등록을 추진할 수 있습니다. 다만 식별력이 없으므로 사업이 궤도에 오르지 못하면 다른 사람이 사용하더라도 상표권으로 제재하지 못한다는 한계와 위험이 있겠죠?

이마트의 'No Brand' 상표,
어떤 부분이 브랜드로 취급되는가

이마트는 2016년 7월 18일 화장지 소매업 등에 대해 다음과 같은 상표등록을 신청합니다.

이마트가 신청한 상표

상표 신청번호 제41-2016-0033727호

이 상표의 심사 결과, 먼저 신청했으나 아직 등록되지 않은 상표가 있었습니다. 광진산업이 2016년 7월 11일에 화장지에 대하여 다음과 같은 상표를 신청한 것이지요. 상표가 등록되지 않았더라도 먼저 신청한 상표가 있다면 자신의 상표는 등록이 될 수 없습니다. 이마트는 광진산업이 일주일 전에 신청한 상표 때문에 등록이 거절될 위기에 놓이게 됩니다.

광진산업이 신청한 상표
상표 신청번호 제45-2016-0005673호

　이러한 경우에는 거절의 근거가 된 인용 상표와 자신의 상표가 유사하지 않다고 말할 수도 있겠지만, 인용 상표가 등록되지 못하도록 하거나 등록되었더라도 무효 또는 취소된다면 자신의 상표등록을 거절한 이유가 해소됩니다. 상표는 창작한 것이 아닌 선택된 것으로 취급하므로, 다른 사람이 먼저 선택한 상표가 사라진다면 자신이 상표등록을 할 수 있습니다. 따라서 광진산업의 상표가 등록되지 않는다면 이마트의 상표가 등록될 수 있습니다. 이마트는 자신의 상표에 대한 심사가 보류되도록 하면서 광진산업의 상표 심사 결과를 기다리게 됩니다.

광진산업의 상표는 심사 과정에서 이마트의 다음과 같은 등록상표 때문에 거절됩니다. 이마트는 화장지 등에 대해 다음과 같은 상표를 2015년 3월 신청하여 2015년 7월 등록을 받았습니다. 먼저 신청한 상표 때문에 등록할 수 없는 것과 같은 논리로, 먼저 등록한 상표가 이미 있다면 당연히 상표등록이 거절됩니다. 광진산업의 상표와 이마트의 다음 상표는 똑같지는 않지만 비슷한가요? 상표가 비슷하기만 해도 소비자에게 혼란을 주기 때문에 상표등록을 받지 못합니다.

이마트의 등록상표
상표등록 제40-1134570호

커피빈의 사례에서 설명한 것처럼, 상표가 비슷한지 판단하려면 일단 '식별할 수 있는 힘'이 어느 부분에 있는지가 중요합니다. 도형과 문자가 결합된 상표에서는 전체를 통째로 비교하는 대신, 분리해서 판단할 수 있습니다. 사람의 웃는 얼굴을 표현한 도형이 달라 보이더라도 'NO BRAND' 부분만 비슷하다고 판단되면, 두 상표는 비슷하다는 결론이 내려집니다. 상표를 전체로 비교하지 않고 분리해서 판단한다는 점을 주의해야겠죠. 전체적으로 다르다고 생각하여 상표등록을 신청하였지만, 상표등록을 거절당하는 경우가 자주 생기고 있습니다.

특허심판원(2017원1198)은 이마트의 등록상표와 광진산업이 신청한 상표에 대해 다음과 같이 판단합니다.

"이 사건 출원상표서비스표는 그 구성상 상단부에 위치하고 있는 사람의 얼굴을 연상케 하는 도형과 하단의 영문자 'NO BRRAND' 부분이 일체 불가분적으로 결합된 것이 아니고 도형과 영문자 부분이 뚜렷하게 구별되므로 이를 접하는 일반 수요자들에게 직관적으로 분리되어 인식될 수 있으며, 영문자 부분도 쉬운 단어로 이루어져 있어 4음절의 '노브랜드'로 자연스럽게 호칭되며, 선등록상표 역시 하단에 배치된 영문자 부분에 의해 4음절의 '노브랜드'로 호칭된다.

브랜드, 결국엔 상표등록이 필요합니다

그리고 이 사건 출원상표서비스표와 선등록상표에 공통적으로 포함되어 있는 'NO BRAND' 부분은 '상표가 붙어 있지 않은 (상품)'의 의미를 가진 용어로서, 이 사건 출원상표의 지정상품 '화장지, 위생지, 화장지도·소매업, 위생지도·소매업 등'이나 선등록상표의 지정상품 '화장지 등'의 성질을 직접적으로 나타낸다기보다는 광고비를 줄이고 원가를 낮추어 상품의 판매를 촉진하기 위한 간접적이고 암시적인 표현으로 인식된다고 봄이 상당하므로, 양 상표의 구성 중 이 'NO BRAND' 부분은 그 자체로서 상품의 출처를 표시하는 기능을 수행하는 하나의 요부로 볼 수 있어 그 식별력을 부정할 수 없는 부분이라 할 것이다. 따라서 이 사건 출원상표서비스표와 선등록상표는 모두 문자부분에 의하여 4음절의 '노브랜드'로 호칭되어 그 칭호가 동일하다."

'NO BRAND'가 과연 상품의 성질을 표현하는 상표인지가 중요한데, 특허심판원은 상품의 성질을 직접적으로 나타낸다기보다는 간접적이고 암시적으로 표현했다고 판단했습니다. 'NO BRAND'가 상품의 출처를 표시하는 힘이 있으므로, 이 부분을 비교하여 상표가 유사한지를 판단할 수 있게 되었습니다. 결국 두 상표가 비슷하다는 이유로 광진산업의 상표등록이 거절되자 광진산업은 특허심판원의 심결에 불복하여 특허법원에 소송을 제기하지만, 상표 거절결정은 그대로 유지되었습니다(2018허7347). 광진산업의 상표에 대한 등록 거절이 확정되면서, 심사 보류되었던 이마트의 상표는 거절 이유가 해소되어 상표등록을 할 수 있게 되었습니다. 먼저 신청하거나 등록된 상표가 있다면 자신의 상표는 등록될 수 없지만, 너무 실망하지 말고 먼저 신청되거나 등록된 상표가 거절, 무효, 취소될 수 있는지 검토해야 합니다.

시대에 따라
상표등록에 대한 판단도 변한다

브랜드는 비즈니스 계획 단계에서 선정되고 소비자에게 점차 인식되기 시작합니다. 어떤 분야에서 소비자나 거래자에게 알려지는 단계를 지나 일반 사람들이 모두 알게 되는 유명한 상표가 되기도 하죠. 이러한 과정을 통하여 앞의 사례처럼 브랜드가 식별할 수 있는 힘을 얻기도 합니다.

또한 브랜드가 서로 비슷한지, 그 유사성이 상표로 등록할 수 있는지를 결정합니다. 상표의 유사는 시대 상황에 따라 계속 변하고 있습니다. 이에 대한 법원과 특허청의 입장은 거의 비슷하며, 다음은 특허청 상표심사기준의 상표 유사판단 원칙입니다.

"상표의 유사여부는 동일 또는 유사한 상품에 사용되는 두 개의 상표를 놓고 그 외관·호칭·관념 등을 전체적·객관적·이격적으로 관찰하여 일반수요자나 거래자가 상표에 대하여 느끼는 직관적 인식을 기준으로 거래상 상품출처의 오인·혼동을 일으킬 우려가 있는지 여부에 따라 판단하여야 한다. 다만, 호칭·외관·관념 중 어느 하나가 유사하다고 하더라도 전체적으로 차이가 있어 거래상 상품출처의 오인·혼동을 일으킬 염려가 없는 때에는 유사한 상표라고 할 수 없고, 반대로 각 요소에서 서로 다른 부분이 있어도 전체적으로 볼 때 일반수요자나 거래자가 오인·혼동을 일으키기 쉬운 경우에는 유사한 상표로 보아야 한다."

상표등록이 가능한지 여부는 상표의 발음(호칭), 겉모습(외관), 관념(의미)을 비교하며, 문자 상표는 다른 상표와 비교할 때 전통적으로 발음(호칭)이 비슷한지가 중요합니다. 대법원(97후3050)은 "오늘날 방송 등 광고선전 매체나 전화 등의 광범위한 보급에 따라 상표를 음성 매체 등으로 광고하거나 전화로 상품을 주문하는 일 등이 빈번한 점 등을 고려할 때 문자상표의 유사 여부의 판단에 있어서는 그 호칭의 유사 여부가 가장 중요한 요소라 할 것이다"라고 판시한 바 있습니다.

한글 상표의 경우 여러 음절로 구성되어 있다면 첫 음절이 가장 중요하게 취급됩니다. 첫 음절을 강하게 발음하는 언어 습관 때문이며, 음절이 많아질수록 마지막 음절의 발음은 중요도가 떨어집니다. 영어 상표는 그 발음을 한글로 변환하여, 한글 상표의 유사 여부와 동일한 원리로 판단하는 경향이 있었습니다.

하지만 시대 상황이 변하면서 이러한 원리도 변경해야 할 필요성이 제기되었습니다. 대법원(2020후10957)은 상표등록 신청(출원상표) 된 'Urbansys'와 먼저 상표등록(선등록상표)된 'AVANCIS'의 유사 여부에 대해 다음과 같이 판단하였습니다.

"이 사건 출원상표는 '어반시스'로, 선등록상표는 '어반시스' 또는 '아반시스'로 호칭될 것으로, 그 차이가 크지 않아 전체적인 청감은 유사하다고 볼 수 있다.

그런데 양 상표는 외관이 완전히 상이하다. 양 상표 모두 알파벳의 대문자 또는 주로 소문자로 이루어진 문자상표로서 그 철자의 구성도 다르며 거의 겹치지도 않는다. 또한, 이 사건 출원상표는 '도시의'를 의미하는 'urban'과 '체계' 등을 의미하는 'system'의 약어 'sys'를 결합한 조어로 '도시의 체계' 정도로 관념될 수 있을 것이나, 선등록상표는 특별한 관념이 없어 보이는 조어로 양 상표의 관념을 대비할 수 없다.

이와 같이 호칭이 일부 유사함에도 불구하고 전체적으로 보았을 때 양 상표의 외관이 현저히 다르고, 관념을 대비할 수 없는 이상 일반 수요자에게 상품 출처에 관하여 오인·혼동을 일으킬 것으로 보이지 않는다."

기존에는 문자 상표의 경우 발음이 중요했지만 이제 상표의 겉모습(외관)도 중요해졌습니다. 기존 판결이 선고된 지 20년이 흘러 이제는 전자기기 화면에 보이는 인터넷 쇼핑몰에서 소비자가 제품을 구매합니다. 따라서 상표의 발음보다는 그 겉모습이 다르다면 소비자는 브랜드를 혼동하지 않게 된다는 현실을 반영한 듯합니다. 상표의 겉모습이 중요해진 만큼, 만일 먼저 등록된 상표와 발음이 비슷해도 소비자가 확연히 구별할 수 있는 철자나 도형이 포함되어 있다면 상표의 겉모습이 다르다는 주장을 해볼 만하죠.

한편 상표를 비교할 때 그 일부분을 따로 떼내어 비교하는 방식이 많이 사용되어 상표등록에 어려움을 겪었습니다. 상표의 일부만 유사해도 상표등록이 거절되기 때문입니다. 하지만 최근에는 상표 전체를 비교하여 상표의 유사 여부를 판단하고 있습니다. 대법원(2017후981)은 상표등록 신청된(출원상표)와 먼저 등록된 상표(선등록상표)의 유사 여부에 대해 다음과 같이 판단하였습니다.

mou MOU-JON-JON

출원상표   선등록상표

"선등록상표에서 'MOU' 부분과 'JON'이나 'JON-JON' 부분은 모두 지정상품과 관련하여 식별력이 없거나 미약하지는 않지만, 그렇다고 해서 주지·저명하거나 수요자들에게 강한 인상을 주는 부분이라고 보기 어렵다. 그리고 위 두 부분 사이의 상대적인 식별력의 우열도 없어 보인다.

선등록상표는 이 사건 출원상표 출원일 무렵 인터넷쇼핑몰 등에서 한글로 표기되는 경우 '무존존'으로 표기되는 경우가 많았던 것으로 보이고, '엠오유'로 약칭되거나 '엠오유존존' 등으로 호칭되었다고 볼 만한 자료는 보이지 않는다. 이러한 거래실정을 고려하면, 선등록상표에서 'MOU' 부분의 비중이 나머지 'JON'이나 'JON-JON' 부분의 비중보다 높다고 볼 수는 없고, 선등록상표가 'MOU' 부분만으로 호칭·관념된다고 보는 것은 자연스럽지 않다.

따라서 선등록상표에서 'MOU' 부분만이 독립하여 상품의 출처표시기능을 수행한다고 볼 수는 없으므로, 이 사건 출원상표는 선등록상표의 구성 부분 전체와 대비할 때 그와 유사하다고 볼 수 없다.

그런데도 원심은 선등록상표 중 'MOU' 부분을 요부로 보아 이를 분리하여 관찰할 때, 이 사건 출원상표가 선등록상표와 유사하다고 판단하였다. 이러한 원심의 판단에는 상표의 유사 여부 판단에 관한 법리를 오해하는 등으로 판결에 영향을 미친 잘못이 있다."

상표의 유사 여부를 판단할 때 일부가 아닌 전체를 기준으로 판단하는 경향이 강해지면서, 성명 상표에 대해서도 상표 전체를 기준으로 유사 여부를 결정하고 있습니다. 상표등록을 신청한 상표

(출원상표)인 'NICOLE MILLER'에 대해 먼저 등록된 상표(선등록상표)가 존재하는 상황에서 대법원(2008후4783)은 다음과 같이 판결하였습니다.

선등록상표

"이 사건 출원상표는 전체호칭이 '니콜 밀러'로 네 음절에 불과하여 비교적 짧은 편이고, 또한 우리나라의 영어 보급수준이나 국제교류의 정도 및 인터넷 사용이 보편화된 현실 등에 비추어, 국내 일반 수요자나 거래자는 이 사건 출원상표의 표장이 서양인의 성명임을 쉽게 알 수 있다 할 것인데, 양 상표의 지정상품인 의류제품 등에 있어서 이 사건 출원상표의 출원일 당시에 이미 디자이너의 성명 전체로 된 상표의 사용이 일반화되는 추세에 있어 일반 수요자나 거래자 간에도 성과 이름이 포함된 상표 전체로서 상품의 출처를 인식하는 경향이 있었을 뿐만 아니라, 'NICOLE' 또는 'MILLER'가 특별히 식별력이 강한 부분도 아니어서, 일반 수요자나 거래자가 이 사건 출원상표에서 'NICOLE' 또는 'MILLER' 부분만을 따로 떼어내어 이 부분만에 의하여 호칭·관념할 가능성은 희박하고, 표장 전체인 '니콜 밀러'로 호칭·관념할 가능성이 높다고 보아야 할 것이다.

따라서 이 사건 출원상표가 'NICOLE' 또는 'MILLER'만으로 분리되어 호칭·관념된다고 보기 어려운 이상, 이 사건 출원상표는 선등록상표들과 외관은 물론, 호칭·관념에 있어서도 서로 달라 일반 수요자나 거래자로 하여금 상품 출처의 오인·혼동을 일으킬 염려가 있다고 할 수 없다."

대법원은 의류 제품에서 디자이너의 성명 전체가 상표로 사용되고 있으므로, 성과 이름을 분리하지 말고 성명 전체로 상표 유사여부를 판단하라는 것입니다. 특허청 상표심사기준도 동일한 입장으로서, 거래사회에서 성명 전체로 사용되는 경우(예: Calvin Klein, Arnold Palmer 등), 국내 수요자에게 성명 전체로 어느 정도 인식된 경우(예: Michael Jackson, NINA RICCI), 외국에서 흔한 이름에 성이 결합되어 전체로 인식될 수 있는 경우(예: steven BY STEVE MADDEN과 steven ALAN은 비유사)를 나열하고 있습니다. 과거에는 성명 상표가 분리되어 비교됨으로써 상표등록이 거절되었지만, 현재의 특허청 및 법원의 입장이 변화하여 등록되는 상표가 생겨나고 있습니다.

이렇게 시대 변화에 따라 상표의 등록 가능성도 변경됩니다. 최근에는 특정인이 사용하고 있지만 등록하지 않은 상표에 대해 타인이 상표등록을 신청한 경우 상표등록을 거절하는 경향이 강해지고 있습니다. 상표법 규정에 있는 '국내 또는 외국의 수요자 간에 특정인의 상품을 표시하는 것이라고 인식되어 있는 상표'에 해당하기 위해서는 특정인의 상표가 누군가의 상품을 표시한다는 인식이 당해 상품에 관한 국내 또는 외국의 수요자들 중 거래상 의미 있는 최소한의 범위 이상의 사람들 사이에서 존재하면 충분하고, 반드시 그 수요자들의 전부 또는 대부분이 그러한 인식을 하고 있어 특정인의 상표가 주지상표에 해당할 필요는 없다고 합니다(특허법원 2011허5861 판결). 소위 베끼기 또는 모방 상표의 등록을 막기 위해 이 규정이 적극 활용되고 있습니다. 아직 일반 소비자에게 많이 알려져 있지는 않지만 관련 업계에서 이미 특정인이 사용하고 있다면, 이를 알면서도 동일한 상표를 등록하는 일은 이제 없어져야겠죠.

더 나아가 유명 브랜드와 동일한 상표를 등록하고자 시도하는 것은 더욱 위험합니다. 상표등록을 받을 수 없을 뿐만 아니라 법적 분쟁에 휘말릴 가능성이 높습니다.

유명 상표와 사업분야가 다르더라도 소비자에게 출처의 혼동을 일으킬 수 있다면 상표등록이 될 수 없습니다. 또한 소비자가 혼동할 가능성이 없더라도 유명 상표의 식별하는 힘을 약화시킬 가능성이 있다면 상표등록을 받을 수 없지요. 상표 심사기준에서 'KODAK'이라는 상표를 '피아노'에 상표등록 신청하는 경우와 'POSCO'를 '증권업'에 신청하는 경우를 예시로 들고 있습니다.

이 뿐만 아니라 유명 상표의 좋은 이미지나 가치를 훼손하는 경우도 상표등록을 받을 수 없습니다. 상표 심사기준은 'CHANEL'이라는 상표를 '포르노 필름'에 신청하거나 '아모레 퍼시픽'을 '건물청소업'에 등록 신청하는 경우에도 등록될 수 없다는 예를 들고 있습니다. 유명 상표임을 뻔히 알면서도 다른 분야에 상표를 등록하는 것은 더 이상 가능한 일이 아닙니다.

4.
상표등록 후 사용하지 않으면
결국 상표등록이 취소된다

한라산 소주 '올래',
상표의 사용을 인정받다

　제주도에서 마실 수 있는 '한라산' 소주. 이 소주를 제조 및 판매하는 기업이 바로 ㈜한라산입니다. 과거에 제주소주라는 회사가 '푸른 밤' 소주를 판매했던 기억이 납니다. 2014년 한라산은 '올래' 소주를, 제주소주는 '올레' 소주를 출시하면서 두 기업 간의 상표 전쟁이 벌어졌습니다.

　한라산은 다음과 같은 '올래' 상표권을 2014년 7월 2일 '올래'라는 회사로부터 양수합니다. 아마도 한라산에서 '올래'라는 소주를 출시하기 전에 상표권에 대해 조사했을 것입니다. 이미 상표권이 있음을 알고 '올래'라는 회사로부터 상표권을 양수한 것으로 추정됩니다. 사업 계획 단계에서 상표를 미리 조사하고, 만일 이미 등록된 상표가 있다면 상표권을 양수해볼 수 있습니다. 상표권자 입장에서 상표를 등록한 후 사업에 활용하지 않고 있거나 활용할 계획이 없다면, 상표권이라는 재산을 매도하여 경제적 이익을 얻을 수 있습니다.

　　　　　　　브랜드, 결국엔 상표등록이 필요합니다

OLLE
올래

한라산의 올래 상표권
상표등록 제40-0773060호

한라산은 다음과 같은 등록상표를 소주병에 부착하여 '올래' 소주를 출시하였습니다. 같은 해 제주소주는 '올레' 소주를 출시하였습니다. 이렇게 경쟁기업이 비슷한 상표를 사용하여 제품을 출시하였으니 분쟁은 피할 수 없겠지요. 제주소주는 ㈜한라산이 'OLLE 올래'라는 상표권을 3년 이상 사용하지 않았기 때문에 상표등록을 취소해달라는 심판(2014당1908)을 청구하였고, 소주 회사 사이의 상표권 분쟁이 본격화되었습니다.

한라산의 올래 소주와 관련된 등록상표
상표등록 제40-1110281호

제주소주가 청구한 심판은 이른바 '상표 불사용 취소심판'입니다. 특허청의 심사를 통하여 상표가 등록된 후에도 사용하지 않을 경우 취소될 수 있다고 하면 놀라는 사람들이 많습니다. 상표권은 법률적으로 창작이 아닌 선택의 결과물로 취급됩니다. 상표를 선택하여 권리화하고 나서 사용하지 않으면 다른 사람의 상표 선택의 자유를 제한하는 것이기 때문이죠. 상표권을 취득하고 바로 사용하라고 하면 무리가 따르기 때문에, 상표권이 등록된 후 3년의 시간을 준 후 사용하지 않으면 등록을 취소합니다.

　오랜 고민 끝에 좋은 상표를 생각해냈지만, 이미 다른 사람이 먼저 등록해둔 경우가 있습니다. 먼저 등록된 상표가 등록 후 3년 이상 사용되지 않았다면 상표권을 취소시키고 자신의 상표를 등록시키는 방안을 검토해야 합니다. 이때 먼저 상표등록을 신청한 후 '상표 불사용 취소심판'을 신청하는 것이 바람직합니다. '상표 불사용 취소심판'을 먼저 진행하고 시간이 흐른 후 자신의 상표를 신청하면, 상표권자는 심판의 대상이 된 상표를 재빨리 사용하여 상표를 뺏기지 않으려고 시도할지도 모르기 때문입니다.

　한편 기존에 비슷한 상표권이 있는지 모르고 상표등록을 신청하였지만 먼저 등록된 상표와 비슷하다는 이유로 거절되는 경우가 발생하기도 합니다. 이런 경우도 자신의 상표를 등록시키기 위해서 '상표 불사용 취소심판'을 통하여 상표권을 취소시킬 수 있습니다. 이와 동시에 심사관에게 상표권이 취소될 때까지 심사를 보류해달라고 요청해야 합니다. 상표 불사용 취소심판을 통하여 상표권이 취소되면 비슷한 상표가 없어진 상황이 만들어지므로, 자신이 신청한 상표는 등록될 수 있습니다. 이렇듯 상표 불사용 취소심판은 등록된 상표를 사용하지 않은 상표권자를 제재하기 위해 존재합니다.

한라산은 'OLLE 올래'라는 상표를 소주에 표시하여 사용하였는데, 제주소주는 무엇 때문에 등록상표를 사용하지 않았다고 주장한 것일까요. 제주소주는 "등록상표를 독자적으로 표시한 것이 아니라 다른 부분인 '한라산'과 불가분적으로 결합시킨 형태이고, '한라산에 올래?' 또는 '한라산에 오겠다'는 의미로 인식되므로 등록된 상표와 비슷한 상표라고 볼 수는 있어도 동일한 상표는 아니다"라고 주장하였습니다.

과연 상표를 동일하게 사용했다고 보는 기준은 무엇일까요? 등록된 상표의 글자체나 색채를 변경하는 정도는 상식적으로 다르다고 할 수 없습니다. 등록된 상표가 동일하게 유지되도록, 주요 부분(요부)를 생략하거나 기본적인 형태를 변형하여 사용하지 않아야 합니다. 이런 이유로 상표등록을 신청할 때부터 앞으로 상표를 어떻게 사용할 것인지 고민해야 합니다. 만일 상표에 많은 요소들을 포함시키고 이 중 일부만 사용하게 된다면 상표권이 취소될 수 있기 때문이죠. 실제 사용할 상표를 신청하거나 상표에 포함된 요소를 최소화하는 것이 현명합니다. 영어와 한글을 포함한 상표가 등록되고 이 중 일부만 사용한 경우 상표를 사용한 것으로 볼 수 없다고 하였으나, 최근에 대법원은 이 중 일부만 사용하더라도 상표의 사용으로 볼 수 있다고 태도를 변경했습니다. 이러한 경우는 한글과 영어의 발음이 일치될 때만 인정됩니다. 발음이 다르다면 별도의 상표로 등록해야 뒤탈이 없습니다.

또한 다른 글자나 도형을 결합시켜도 등록상표가 독립적으로 유지된다면 동일하게 상표를 사용했다고 볼 수 있습니다. 등록상표가 독립적으로 사용되도록, 다른 부분을 등록된 상표에 추가하여 사용할 때는 등록상표와 구별되도록 표시하는 것이 좋겠죠? 추가되는 다른 부분과 등록상표는 분리하여 배치하거나 크기나 색채를 서로 다르게 할 필요가 있습니다.

이런 기준에 따라 실제 사용상표에서 'olle 올래' 부분과 등록상표인 'OLLE 올래'를 비교할 때, 등록상표인 'OLLE 올래'의 영문자와 한글의 위치나 색채 등이 변형되어 사용되었지만 상표의 동일성을 해칠 정도는 아닌 것으로 보입니다. 또한 실제 사용상표에서

브랜드, 결국엔 상표등록이 필요합니다

'한라산'과 'olle 올래' 부분이 서로 분리되어 있고 새로운 의미가 있다고 보이지 않네요. 다른 관점에서 보면 '한라산'은 메인 브랜드이고, 'olle 올래'는 서브 브랜드로 볼 수 있습니다. 결국 특허심판원은 거래사회의 통념상 등록상표가 상표로서 동일하게 사용되었다고 판단했습니다. 한라산의 등록상표 'OLLE 올래'는 등록이 취소되지 않았고, 제주소주는 등록상표 'OLLE 올래'와 비슷한 '올레'라는 브랜드를 사용하지 못하게 되었습니다.

제주소주는 또 다른 상표 불사용 취소심판을 제기하였습니다. 바로 한라산의 '제주소주'가 포함된 상표권에 대한 취소심판이었습니다. 제주소주 회사 입장에서 보면, 한라산이 가지고 있는 상표에 '제주소주'라는 자신의 상호가 들어가 있어서 마음이 불편했을 것 같네요. 이 심판은 특허법원을 거쳐 대법원까지 상고되면서 최종 판단을 받았습니다.

한라산의 '제주소주' 상표권
상표등록 제40-0889360호

등록상표를 살펴보면, 도형 부분과 '제주소주' 한글로 구성되어 있습니다. 한라산은 등록상표의 도형 부분을 오랫동안 사용해온 것으로 보입니다. 문제는 한라산이 '제주소주'라는 문자까지 포함하여 상표를 등록시켰다는 점이었는데요, '제주소주'는 '제주'라는 현저한 지리적 명칭과 '소주'라는 상품의 명칭이 결합되어 상표로서의 식별력이 없는 부분입니다. 이 상표는 도형 부분의 식별력이 있으므로 등록되었습니다. 상표 불사용 취소심판이 청구되자, 한라산은 다음과 유사한 형태의 광고를 통하여 상표를 사용하였다고 주장하였습니다. 자세히 살펴보면 광고지에 스탬프를 인쇄한 것처럼 등록상표(도형+제주소주)가 이용되었습니다.

한라산 소주의 광고 사진

출처: 한라산 소주 홈페이지(hallasan0000.cafe24.com)

대법원(2015후2006)은 '도형+제주소주'라는 등록상표가 소주의 상표로 사용된 것이 아니고, 오히려 '한라산 ORIGINAL' 이나 '한라산 올래'가 소주의 상표로 사용되었다고 판단하였습니다. 즉 '도형+제주소주'는 출처를 표시하는 상표로서 사용되지 않았다고 본 것입니다. 이렇게 등록상표가 광고지에 표시되어 있더라도 상표등록의 취소를 모면하기 위하여 명목상으로 사용된 것으로 볼 수 있기 때문에, 결국 한라산의 '도형+제주소주'라는 상표는 등록이 취소되었습니다. 여기서 '상표로 사용'했느냐를 따질 때는 상표가 출처를 표시하기 위하여 사용되었는지를 기준으로 합니다. 보통 상품이나 상품의 포장에 상표를 표시하거나 광고하는 것을 말합니다. 서비스업의 경우 상품이 없으므로 서비스업에 대한 광고를 하거나 서비스를 제공할 때 소비자가 이용하는 물건에 상표를 표시하는 행위가 되겠죠. 예를 들어, 카페업에 대한 상표를 사용했다고 하기 위해서는 상표를 간판에 표시하거나 소비자가 이용하는 컵, 냅킨에 상표를 인쇄하여 사용하는 것을 의미합니다. 앞에서 설명한 것처럼, 상호는 회사의 명칭이며, 상표는 상품의 브랜드입니다. 상호와 상표가 일치하는 경우는 문제가 없겠지만, 상호와 상표가 별도로 존재하는 경우 상호를 상표로 등록해도 상호로 사용된 것이므로 어차피 상표권이 취소될 것이라는 점을 유념해야 합니다.

주식회사 한라산은 모든 분쟁이 마무리되고, 상표등록이 취소된 도형 상표를 다시 등록했습니다. 물론 이번에는 도형 상표를 소주병 라벨에 표시하여 사용하고 있고, 소주병 라벨 디자인 자체를 다음과 같은 상표로 등록하기도 하였습니다. 상표 분쟁이 브랜드 전략에 영향을 주었는지도 모르겠습니다.

상표등록 제40-1110282호

BTS,
혼동되는 상표의 등록을 취소시키다

방탄소년단의 데뷔 전에 드림스코리아는 백투식스틴(Back To Sixteen)의 약자로서 다음과 같은 상표권을 등록하였습니다. 하지만 실제로 사용한 상표는 다음과 같이 'B.T.S'에서 점(.)과 한글 부분을 제외하고 상품에 표시하였습니다.

드림스코리아의 상표권

상표등록 제40-1128761호

드림스코리아의 사용상표

출처: 특허심판원 2019당1209 심결문

방탄소년단(BTS)이 소속된 빅히트엔터테인먼트는 영문 'B.T.S'와 국문 '비티에스'가 2단으로 결합되어 등록된 상표임에도 실제 사용하는 상표는 'BTS'로서 등록상표와 동일하지 않으며, 특히 방탄소년단은 화장품 광고모델로 활동하고 실제 다음과 같은 제품이 존재한다는 점에서 출처의 혼동이 발생할 수 있다고 주장하였습니다.

BTS 합작 화장품

출처: 특허심판원 2019당1209 심결문

이러한 상황에서 특허심판원(2019당1209)은 드림스코리아는 등록상표의 구성 중 영문 'B.T.S'에서 점(.)과 한글 부분을 제외한 'BTS'만으로 사용하여 등록상표와 동일한 상표의 사용으로 인정할 수 없고 유사한 상표의 사용으로 판단하면서 소비자가 출처의 오인·혼동을 일으킬 수 있으므로, 드림스코리아의 상표등록을 취소하였습니다. 드림스코리아 입장에서는 'B.T.S'에서 점(.)을 제외했더라도 동

브랜드, 결국엔 상표등록이 필요합니다

일한 정도로 볼 수 있다고 생각했을 텐데 좀 억울할 수도 있겠습니다. 등록된 상표를 변형해서 사용하는 경우, 다른 사람의 상표와 혼동이 발생하면 상표의 등록이 취소될 수 있음을 유의해야겠죠?

CHAPTER 3

상표등록,
어떻게 진행되는가

1.
먼저 상표등록을 신청해야
권리를 차지한다

펭수,
브랜드를 선점당하다

  EBS 캐릭터인 '펭수'에 대해 EBS가 아닌 다른 사람들이 먼저 상표등록을 신청하여 논란이 되었던 바 있습니다. '펭수'에 대한 상표권이 사회적 관심사가 되자, 특허청은 상표 사용자의 정당한 신청이 아니고 상표 선점을 통해 타인의 신용에 편승하여 경제적 이익을 취득하려는 부정한 목적이 있는 신청이라고 판단하고 이에 대한 상표 심사를 강화하겠다고 밝혔습니다.

출처: 자이언트 펭TV

이러한 논란이 발생되는 이유는 원칙적으로 먼저 상표를 신청하지 않으면 등록을 할 수 없기 때문인데요, 일반적으로 이해하기 어려운 현상입니다. 특허청 입장은 EBS가 아닌 다른 사람들이 '펭수'에 대한 상표를 먼저 신청했더라도 예외적인 상표법 규정을 적용하여 상표등록을 거절하겠다는 의미로 해석됩니다.

펭수 이야기가 나온 김에 저작물과 관련되는 '캐릭터'에 대해 알아보겠습니다. 캐릭터는 저작물이므로 창작과 동시에 저작권이 발생합니다. 하지만 저작물의 모방이 발생하여 분쟁이 생기면 저작자나 창작 시기에 대한 입증의 어려움이 있으므로 저작물을 미리 등록해두는 편이 낫습니다. 한국저작권위원회에 저작물을 등록할 수 있으며, 상표권과 다르게 심사 과정은 없습니다. 2013년 카카오는 카카오프렌즈의 캐릭터인 무지, 네오, 어피치, 콘, 프로도 튜브, 제이지에 대해 한국저작권위원회에 미술저작물로 등록하였습니다. 예를 들어 무지는 저작자가 카카오이며, 창작일은 2012년 11월임을 명시하여 등록번호 C-2013-018792로 등록해두었습니다. 캐릭터의 명칭은 저작물로 인정되지 않습니다. 카카오프렌즈인 '무지'라는 명칭은 상표로 등록될 수는 있어도 저작권을 주장할 수는 없습니다. 캐릭터 명칭 '펭수'와 같은 이치입니다.

캐릭터는 저작권으로 보호될 수도 있지만, 물품을 지정하면 디자인권으로 보호할 수 있습니다. 다음과 같이 카카오프렌즈 캐릭터를 인형 또는 완구라는 물품으로 디자인을 등록하였습니다.

카카오프렌즈 캐릭터에 대한 디자인권
등록디자인 제30-0751204호, 0753666호, 0753669호, 0753668호, 0753665호, 0751205호, 0753667호

캐릭터를 디자인권으로 보호하기 위해서 물품마다 일일이 등록 절차를 밟는 것은 상당한 시간과 비용이 들겠지요. 사업과 밀접하게 관련되는 물품에 디자인을 등록하고, 나머지 물품은 화면에 나타나는 디자인(뒤에서 설명하는 화상 디자인), 전사지 등으로 보호를 시도할 수 있습니다.

꼬꼬면, 상표를 등록하고
사용료를 거둬들이다

또 다른 사례로 '꼬꼬면' 상표가 있습니다. '꼬꼬면'은 이경규 씨가 예능 프로그램인 '남자의 자격'에서 선보인 라면입니다. '꼬꼬면'은 하얀색 국물 라면이라는 트렌드를 만들어낼 정도였지요. 하지만 이경규 씨가 '꼬꼬면'이라는 상표를 신청하기 전에 다른 사람이 상표등록을 신청하는 일이 생겼습니다. 이렇게 되면 이경규 씨는 '꼬꼬면'을 상표로 등록하지 못하게 됩니다. 아무리 이경규 씨가 예능 프로그램에서 '꼬꼬면'이라는 브랜드를 만들었더라도 먼저 상표를 신청하지 않으면 등록을 할 수 없습니다.

팔도의 꼬꼬면
출처: 팔도 홈페이지

실제 현실에서는 브랜드를 개발하기 위하여 많은 시간과 비용을 투자하기 때문에 창작적 요소가 있기 마련이지만, 법에서 상표는 선택하는 행위이지 창작이 아니라고 합니다. 상표를 창작 활동이라고 하여 창작한 사람에게 상표권이 주어진다면 다른 사람이 무단으로 권리를 가져갈 수 없습니다. 반면 상표를 선택하는 행위로 본다면 어떤 주머니에 수많은 상표가 있는데 그중 하나를 누가 먼저 꺼내어 선택하느냐가 중요하게 되겠죠. 상표는 법률상 '선택'하는 행위이므로, 상표를 가질 수 있는 권리는 원칙적으로 누가 먼저 꺼내서 선점하느냐에 따라 결정됩니다. '꼬꼬면'도 다른 사람이 상표로 선점한다면 이경규 씨가 권리를 주장할 수 없게 됩니다.

'꼬꼬면'이 시청자에 의하여 선점당했다는 언론 보도가 이어지자, 이 사람은 상표등록 신청을 취소합니다. 다행히 해프닝으로 끝났지만, '꼬꼬면' 사례가 시사하는 바가 있습니다. 자신의 사업을 위하여 상표를 만들고 홍보하거나 제품을 판매하기 전에 상표등록을 신청하지 않는 것은 상당히 위험합니다. 다른 사람이 똑같거나 비슷한 상표를 사용한다면 소비자에게 혼동을 주게 되며, 다른 사람이 먼저 상표를 신청한다면 사업 도중에 상표를 변경해야 하는 어려움에 처하게 됩니다. 사업 준비가 어느 정도 완료되면 상표를 신청해두는 일을 잊지 말아야겠습니다. 특히 스타트업이나 중소기업은 갑자기 사업이 어느 정도 궤도에 오르더라도 펭수처럼 유명한 브랜드가 되었다고 보기 어렵기 때문에, 자신의 상표를 등록하여 보호해달라고 주장하기 쉽지 않습니다.

꼬꼬면 상표권
상표등록 제40-0906739호

시청자의 '꼬꼬면' 상표 신청이 취소되자, 이경규 씨는 '꼬꼬면'이라는 상표를 신청하여 다음과 같이 상표권을 확보했습니다. 당시 이경규 씨는 팔도와 상표권 라이선스를 체결하고 매출의 2%를 로열티로 지급받는 것으로 알려져 있습니다. 이렇게 상표권을 확보하고 직접 사업을 하지 않거나 사업을 하기 어려울 때는 상표권을 양도하거나 상표권에 대한 라이선스 계약을 체결하여 수익을 창출할 수 있습니다. 특히 프랜차이즈의 경우 상표권을 이용하여 가맹점을 모집하고 라이선스 계약에 따라 로열티를 꾸준히 거둬들이는 사업의 형태로 이해할 수 있습니다.

2.
상표등록의 신청은
비즈니스 내용에 맞추어야 한다

직방과 다방, 비즈니스 경쟁이
상표 분쟁으로 비화되다

앞에서 설명한 대로, 상표등록을 다른 사람이나 회사보다 먼저 신청해야 합니다. 상표등록을 받기 위하여 브랜드가 새로워야 한다는 조건은 없지만, 현실적으로 상표등록을 먼저 신청해야 하는 이유는 여러 가지가 있습니다. 보통 중소기업의 경우 비즈니스의 급박함 때문에 성급하게 인스타그램 등에 홍보하거나 제품을 출시합니다. 이 과정에서 브랜드가 노출되면 다른 사람이 상표등록을 먼저 신청하여 선점할 수 있다는 점을 유념해야겠습니다.

또한 일단 브랜드가 확정되고 제품이나 서비스에 사용되기 시작하면 추후에 브랜드를 변경하는 데 많은 어려움을 겪게 됩니다. 브랜드가 확정되고 비즈니스를 시작하기 전에 상표권을 확보할 수 있는지 예비적인 검토가 필요합니다. 확정된 브랜드가 상표등록이 가능한지 스스로 조사해보거나 전문가에게 의뢰하는 단계를 거쳐야 합니다. 특히 프랜차이즈업은 '가맹사업거래의 공정화에 관한 법률'에 따라 영업표지인 상표권을 기재해야 하고, 만일 상표등록이 이루어지지 않는다면 가맹사업의 근간이 흔들리는 문제가 생깁니다.

상표등록이 가능한지 알아볼 때, 그리고 상표등록을 신청할 때는 앞에서 설명한 대로 브랜드 중 상표로 등록할 대상을 먼저 선정해야 합니다. 한글, 영어 등 문자 또는 도형 중 어떠한 요소를 포함시킬지 다양한 방안과 전략을 검토하고 상표등록의 대상을 선정합니다.

다음으로 결정할 사항은 비즈니스에 맞는 상품이나 서비스를 지정하는 일입니다. 보통 브랜드 중 상표등록을 신청할 대상을 선정하고 나면 모든 일이 완료되었다고 생각하는 경향이 있습니다. 상표등록이 필요한 상품이나 서비스에 대해서 등한시하고 상표등록 중만으로 만족하면 안 됩니다. 비즈니스에 대한 정확한 이해는 변리사가 모두 알 수 없으며, 상표등록을 신청할 때 신청인으로서 꼼꼼한 검토가 필요합니다.

직방과 다방의 상표 분쟁은 이미 많은 분들이 알고 있습니다. ㈜스테이션3는 다음과 같은 '다방' 상표를 2014년 2월 7일 등록 신청하였고 2014년 8월 7일에 등록이 되었습니다. 등록된 상표의 지정된 서비스는 제35류의 '사업 및 마케팅에 관한 정보제공 또는 조사업, 인터넷을 통한 광고업 및 상업정보서비스업, 경영관리 및 마케팅 분야에 관한 상담업'과 제36류의 '금융 또는 재무에 관한 상담업, 금융 또는 재무에 관한 정보제공업'입니다. 다방이 애플리케이션을 통하여 부동산 정보를 제공한다는 점에서 좀 어색한 서비스 지정입니다.

상표등록 제41-0304146호

다방 사업을 경계한 주식회사 직방은 2014년 5월 29일 '다방'이라는 상표등록을 신청합니다. 지정된 상품은 제9류의 소프트웨어이며, 지정된 서비스는 제36류의 부동산 관련 정보제공업입니다. 다방 측의 등록상표와 상품과 서비스가 달라서 주식회사 직방의 상표가 등록되었습니다. 하지만 이러한 지정 상품과 서비스는 다방 측이 사업을 수행하는 분야입니다. 이에 주식회사 직방은 '다방'이라는 상표권을 침해하지 말라며 다방 측에 소송을 제기하였으나 패소하게 됩니다. 이후 다방 측에서 주식회사 직방이 등록한 상표

브랜드, 결국엔 상표등록이 필요합니다

가 무효라며 소송을 제기하여 무효로 만듭니다.

이러한 일련의 과정을 보면, 다방 측이 처음 등록한 상표는 정확도가 떨어집니다. 물론 주식회사 직방과 분쟁을 진행하면서, ㈜스테이션3는 처음 등록된 상표에 제36류 부동산 관련 정보제공업을 추가로 등록하였고, 제9류의 소트트웨어도 새롭게 상표로 등록하였습니다. 처음부터 브랜드가 사용될 상품인 애플리케이션을 지정하고 서비스도 부동산 관련 정보제공업을 지정하였다면 이렇게 상표 분쟁으로 골머리를 앓지는 않았겠지요. 참으로 아쉬운 대목입니다. 다방의 사례를 참조하면 하나의 비즈니스가 여러 분류와 관련될 수 있다는 것을 알 수 있습니다. 요즘 유튜버가 상표등록을 많이 진행하고 있는데, 유튜버가 교육과 관련된 개인 방송을 진행하고 있다면 방송업뿐만 아니라 교육업까지 서비스를 지정해야 합니다. 또한 카페업과 같은 서비스업은 서비스를 제공할 때 티슈, 종이가방에 브랜드를 표시할 수 있지만 티슈나 종이가방의 브랜드는 아니므로, 이러한 상품에 대한 상표등록은 불필요합니다.

상표를 등록할 때는 반드시 상품이나 서비스업이 지정되어야 하며, 이에 따라 상품류와 유사군 코드가 자연스럽게 결정됩니다. 상품에는 다양한 명칭이 있기 마련인데, 특허청은 상품의 명칭을 정리하여 배포하고 있습니다. 그렇다고 특허청에서 배포한 명칭을 반드시 따를 필요는 없으나 이 명칭을 참조하는 것이 바람직하겠죠. 특허청은 상표등록의 편의를 위하여 세상의 모든 상품과 서비스업을 45가지로 구분하고 있습니다. 이를 '상품류' 구분이라고 부릅니다. 상품은 1~34류까지 구분되어 있으며, 서비스업은 35~45류로 분류되어 있습니다. 예를 들어, 화장품, 치약은 제3류로 구분되어 있고, 커피, 빵, 과자는 제30류입니다. 상품류는 국제적으로 구분되는 분류이면서 특허청에 납부하는 비용을 결정하게 됩니다. 상품류의 개수가 증가하는 만큼 특허청에 납부하는 비용도 비례하여 증가합니다.

상품류	상품류의 내용
1	공업/과학 및 사진용 및 농업/원예 및 임업용 화학제; 미가공 인조수지, 미가공 플라스틱; 소화 및 화재예방용 조성물; 조질제 및 땜납용 조제; 수피용 무두질제; 공업용 접착제; 퍼티 및 기타 페이스트 충전제; 퇴비, 거름, 비료; 산업용 및 과학용 생물학적 제제
2	페인트, 니스, 래커; 방청제 및 목재 보존제; 착색제, 염료; 인쇄, 표시 및 판화용 잉크; 미가공 천연수지; 도장용/장식용/인쇄용/미술용 금속박(箔) 및 금속분(粉)
3	비의료용 화장품 및 세면용품; 비의료용 치약; 향료, 에센셜 오일; 표백제 및 기타 세탁용 제제; 세정/광택 및 연마제
4	공업용 오일 및 그리스, 왁스; 윤활제; 먼지흡수제, 먼지습윤제 및 먼지흡착제; 연료 및 발광체; 조명용 양초 및 심지
5	약제, 의료용 및 수의과용 제제; 의료용 위생제; 의료용 또는 수의과용 식이요법 식품 및 제제, 유아용 식품; 인체용 및 동물용 식이보충제; 플래스터, 외상치료용 재료; 치과용 충전재료, 치과용 왁스; 소독제; 해충 구제제; 살균제, 제초제

브랜드, 결국엔 상표등록이 필요합니다

6	일반금속 및 그 합금, 광석; 금속제 건축 및 구축용 재료; 금속제 이동식 건축물; 비전기용 일반금속제 케이블 및 와이어; 소형금속제품; 저장 또는 운반용 금속제 용기; 금고
7	기계, 공작기계, 전동공구; 모터 및 엔진(육상차량용은 제외); 기계 커플링 및 전동장치 부품(육상차량용은 제외); 농기구(수동식 수공구는 제외); 부란기(孵卵器); 자동판매기
8	수동식 수공구 및 수동기구; 커틀러리; 휴대무기(화기는 제외); 면도기
9	과학, 연구, 항법, 측량, 사진, 영화, 시청각, 광학, 계량, 측정, 신호, 탐지, 시험, 검사, 구명 및 교육용 기기; 전기 분배 또는 전기 사용의 전도, 전환, 변형, 축적, 조절 또는 통제를 위한 기기; 음향/영상 또는 데이터의 기록/전송/재생 또는 처리용 장치 및 기구; 기록 및 내려받기 가능한 미디어, 컴퓨터 소프트웨어, 빈 디지털 또는 아날로그 기록 및 저장매체; 동전작동식 기계장치; 금전등록기, 계산기; 컴퓨터 및 컴퓨터주변기기; 잠수복, 잠수마스크, 잠수용 귀마개, 다이버 및 수영용 노즈클립, 잠수용 장갑, 잠수용 호흡장치; 소화기기
10	외과용, 내과용, 치과용 및 수의과용 기계기구; 의지(義肢), 의안(義眼) 및 의치(義齒); 정형외과용품; 봉합용 재료; 장애인용 치료 및 재활보조장치; 안마기; 유아수유용 기기 및 용품; 성활동용 기기 및 용품
11	조명용, 가열용, 냉각용, 증기발생용, 조리용, 건조용, 환기용, 급수용, 위생용 장치 및 설비
12	수송기계기구; 육상, 항공 또는 해상을 통해 이동하는 수송수단
13	화기(火器); 탄약 및 발사체; 폭약; 폭죽
14	귀금속 및 그 합금; 보석, 귀석 및 반귀석; 시계용구
15	악기; 악보대 및 악기용 받침대; 지휘봉
16	종이 및 판지; 인쇄물; 제본재료; 사진; 문방구 및 사무용품(가구는 제외); 문방구용 또는 가정용 접착제; 제도용구 및 미술용 재료; 회화용 솔; 교재; 포장용 플라스틱제 시트, 필름 및 가방; 인쇄활자, 프린팅블록

17	미가공 및 반가공 고무, 구타페르카, 고무액(gum), 석면, 운모(雲母) 및 이들의 제품; 제조용 압출성형형태의 플라스틱 및 수지; 충전용, 마개용 및 절연용 재료; 비금속제 신축관, 튜브 및 호스
18	가죽 및 모조가죽; 수피; 수하물가방 및 운반용 가방; 우산 및 파라솔; 걷기용 지팡이; 채찍 및 마구(馬具); 동물용 목걸이, 가죽끈 및 의류
19	건축용 및 구축용 비금속제 건축재료; 건축용 비금속제 경질관(硬質管); 아스팔트, 피치, 타르 및 역청; 비금속제 이동식 건축물; 비금속제 기념물
20	가구, 거울, 액자; 보관 또는 운송용 비금속제 컨테이너; 미가공 또는 반가공 뼈, 뿔, 고래수염 또는 나전(螺鈿); 패각; 해포석(海泡石); 호박(琥珀)(원석)
21	가정용 또는 주방용 기구 및 용기; 조리기구 및 식기(포크, 나이프 및 스푼은 제외); 빗 및 스펀지; 솔(페인트 솔은 제외); 솔 제조용 재료; 청소용구; 비건축용 미가공 또는 반가공 유리; 유리제품, 도자기제품 및 토기제품
22	로프 및 노끈; 망(網); 텐트 및 타폴린; 직물제 또는 합성재료제 차양; 돛; 하역물운반용 및 보관용 포대; 충전재료(종이/판지/고무 또는 플라스틱제는 제외); 직물용 미가공 섬유 및 그 대용품
23	직물용 실(絲)
24	직물 및 직물대용품; 가정용 린넨; 직물 또는 플라스틱제 커튼
25	의류, 신발, 모자
26	레이스, 장식용 끈 및 자수포, 의류장식용 리본 및 나비매듭리본; 단추, 훅 및 아이(hooks and eyes), 핀 및 바늘; 조화(造花); 머리장식품; 가발
27	카펫, 융단, 매트, 리놀륨 및 기타 바닥깔개용 재료; 비직물제 벽걸이
28	오락용구, 장난감; 비디오게임장치; 체조 및 스포츠용품; 크리스마스트리용 장식품
29	식육, 생선, 가금 및 엽조수; 고기진액; 보존처리/냉동/건조 및 조리된 과일 및 채소; 젤리, 잼, 콤폿; 달걀; 우유, 치즈, 버터, 요구르트 및 기타 유제품; 식용 유지(油脂)

브랜드, 결국엔 상표등록이 필요합니다

30	커피, 차(茶), 코코아 및 대용커피; 쌀, 파스타 및 국수; 타피오카 및 사고(sago); 곡분 및 곡물 조제품; 빵, 페이스트리 및 과자; 초콜릿; 아이스크림, 셔벗 및 기타 식용 얼음; 설탕, 꿀, 당밀(糖蜜); 식품용 이스트, 베이킹 파우더; 소금, 조미료, 향신료, 보존처리된 허브; 식초, 소스 및 기타 조미료; 얼음
31	미가공 농업, 수산양식, 원예 및 임업 생산물; 미가공 곡물 및 종자; 신선한 과실 및 채소, 신선한 허브; 살아 있는 식물 및 꽃; 구근(球根), 모종 및 재배용 곡물종자; 살아있는 동물; 동물용 사료 및 음료; 맥아
32	맥주; 비알코올성 음료; 광천수 및 탄산수; 과실음료 및 과실주스; 시럽 및 비알코올성 음료용 제제
33	알코올성 음료; 음료제조용 알코올성 제제
34	담배 및 대용담배; 권연 및 여송연; 흡연자용 전자담배 및 기화기; 흡연용구; 성냥
35	광고업; 사업관리/조직 및 경영업; 사무처리업
36	금융, 통화 및 은행업; 보험서비스업; 부동산업
37	건축서비스업; 설치 및 수리서비스업; 채광업/석유 및 가스 시추업
38	통신서비스업
39	운송업; 상품의 포장 및 보관업; 여행알선업
40	재료처리업; 폐기물 재생업; 공기 정화 및 물 처리업; 인쇄 서비스업; 음식 및 음료수 보존업
41	교육업; 훈련제공업; 연예오락업; 스포츠 및 문화활동업

42	과학적, 기술적 서비스업 및 관련 연구, 디자인업; 산업분석, 산업연구 및 산업디자인 서비스업; 품질 관리 및 인증 서비스업; 컴퓨터 하드웨어 및 소프트웨어의 디자인 및 개발업
43	식음료제공서비스업; 임시숙박시설업
44	의료업; 수의업; 인간 또는 동물을 위한 위생 및 미용업; 농업, 수산양식, 원예 및 임업 서비스업
45	법무서비스업; 유형의 재산 및 개인을 물리적으로 보호하기 위한 보안서비스업; 개인의 수요를 충족시키기 위해 타인에 의해 제공되는 사적인 또는 사회적인 서비스업

출처: 특허청, 유사상품 심사기준, 2020

각 상품류의 해당 상품에 '유사군 코드'라는 것이 있습니다. 유사군 코드란 말 그대로 상품 또는 서비스업의 유사범위를 표시하는 식별기호입니다. 상품의 유사 여부를 결정하는 절대적 기준은 아니지만, 특허청에서 상표를 심사할 때 유사군 코드를 기준으로 상품의 유사 여부와 등록 여부를 결정하고 있습니다. 다음의 예시처럼, 제25류는 의류, 양말, 신발, 모자 등에 대한 상품류입니다. 의류의 유사군 코드는 여러 개인데, 여기에는 다양한 상품들이 포함되어 있으며 의류의 하위 개념인 티셔츠, 양말을 포함합니다. 이를 포괄 명칭이라고 부르고 있으며, 포괄 명칭은 인정되는 경우가 제한적입니다. 포괄 명칭은 세부적인 명칭과 함께 지정되는 경우가 많으며, 특히 예정된 구체적인 상품이 결정되지 않았다면 상품의 명칭을 좀 더 포괄적으로 기재해야 합니다.

만일 양말에 대한 비슷한 상표가 등록되어 있고 지정상품을 의류, 양말, 티셔츠로 지정하였다면 티셔츠만 한정적으로 등록될 수 있겠죠. 또한 의류, 신발, 모자는 유사한 상품이 아니며, 동일한 상표가 의류, 신발, 모자 각각에 등록되어 존재할 수 있습니다.

상품류	지정상품	유사군 코드
25	의류	G430301, G450101, G450102, G4502, **G4503**, **G450401**, G4513
25	양말	G450401
25	티셔츠	G4503
25	모자	G450501
25	신발	G270101

상품들 사이의 유사 여부 판단 외에도, 상품과 서비스 상호 간에도 유사한지 여부를 판단할 수 있습니다. 법원은 상품과 서비스가 동일 사업자에 의해서 제공되는지를 주요 기준으로 삼는 듯합니다. 대법원(2002후1591)은 화장크림과 미용기술지도업이 유사하다고 판단하였습니다. 화장크림은 화장품(상품류 3류, 유사군 코드 G1201, S120907, S128302)의 일종이며, 미용기술지도업(상품류 41류

S120907)은 교육업의 일종입니다. 그런데 포괄 명칭인 교육업은 상품류가 41류이고, 유사군 코드가 S120903, S120904, S120905, S120907, S120999, S121001으로 여러 개입니다. 문제는 누군가 교육업에 상표를 등록한 후 화장품에 대한 상표등록을 신청하면 등록이 거절된다는 것입니다. 대법원 판례에 따라 화장크림과 미용기술지도업이 유사하고, 화장품과 교육업은 유사군 코드 S120907로 겹치기 때문입니다. 상표등록 신청인의 입장에서는 너무나도 받아들이기 힘든 경우입니다.

비즈니스 계획에 따라
상표등록 절차를 선택하자

상표등록을 신청하고 특허청에서 심사 결과가 나오는 시기는 7~12개월이 지난 시점입니다. 심사 결과는 행정 처리이고 법률적인 기간이 아니므로 짧을 수도 있고 길어질 수도 있습니다. 최근에는 상표등록을 신청하고 12개월이 지난 시점에 심사 결과를 받을 수 있는데요, 따라서 상표등록을 신청하는 시점에서 앞으로의 비즈니스가 어떻게 전개될지 예상해야 합니다. 1년 후에 심사 결과를 받아도 브랜드를 전개하는 데 문제가 없는지 검토해야 한다는 뜻입니다. 대부분의 경우 몇 개월 후에 사업에 착수하므로 빠른 심사가 필요합니다. 상표등록을 신청하면 상표등록을 신청한 순서에 따라 차례차례 심사가 진행됩니다. 하지만 이 순서에 상관없이 자신의 상표를 먼저 심사해달라고 신청할 수 있습니다. 이를 우선심사라고 합니다. 우선심사를 신청하면 보통 2~3개월 이내에 심사 결과를 받을 수 있습니다. 심사 대기 순서를 바꾸는 새치기처럼 보이지만, 우선심사 신청은 상표등록 신청인의 상황 때문에 필요한 제도입니다. 우선심사는 한국에서 등록을 할 수 있는지 빠른 판단을 받은 후 해외 상표를 진행할 것인지 결정하기 위해서도 신청됩니다.

한국 상표의 전체 절차에 대해 알아볼까요? 앞에서 설명한 상표등록 대상을 선정한 후 등록 가능성에 대한 검토를 마치고 상표등록을 신청합니다. 법률적으로 상표등록을 '신청'한다는 용어를 사용하지 않고 '출원'한다는 용어를 사용하고 있습니다. 상표등록을 신청하면 상표는 창작이 아닌 선택으로 취급되므로 며칠 내에 다른 사람들이 검색해볼 수 있습니다. 검색을 통하여 자신의 등록상표와 동일한 상표등록 신청을 발견하기도 합니다. 이때 상표등록을 저지하기 위해 '정보제공'을 할 수도 있습니다. 하지만 상표가 너무 똑같고 상품도 동일하다면 심사 과정에서 등록을 거절하기 때문에 너무 걱정할 일은 아닙니다.

일반 심사 또는 우선심사를 통하여 심사 결과를 통지받게 됩니다. 심사 결과 거절할 이유가 있다면 '의견제출통지서'가 통지되며 이에 대응하여 보정서 또는 의견서를 제출할 수 있습니다. 만일 보정서 또는 의견서로도 극복되지 않으면 거절결정을 받게 되고, 이에 대해 거절결정에 대한 불복 심판을 청구할 수 있습니다. 심판은 특허심판원에 청구하며, 특허심판원의 심결에 대한 취소는 특허법원에 소를 제기하고 대법원에 상고까지 할 수도 있습니다.

브랜드, 결국엔 상표등록이 필요합니다

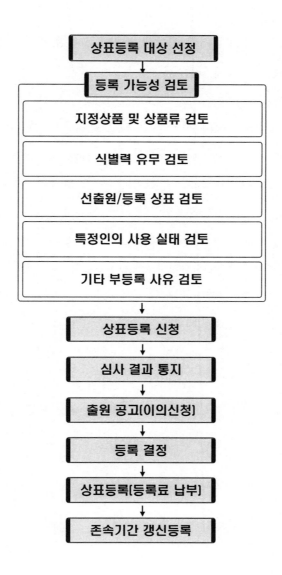

상표등록 대상 선정

등록 가능성 검토

지정상품 및 상품류 검토

식별력 유무 검토

선출원/등록 상표 검토

특정인의 사용 실태 검토

기타 부등록 사유 검토

상표등록 신청

심사 결과 통지

출원 공고(이의신청)

등록 결정

상표등록(등록료 납부)

존속기간 갱신등록

심사 결과 아무런 거절 이유가 없다면 '출원공고 결정'이 통지됩니다. 모든 사람이 심사를 통과한 상표에 대한 정보를 알 수 있고, 이에 대해 상표등록을 거절해달라는 이의신청을 제기할 수 있습니다. 이의신청은 누구나 신청할 수 있으며, 출원공고된 날로부터 2개월 내에 신청해야 합니다. 상표등록이 완료된 후에도 상표등록이 무효라고 심판을 청구할 수 있지만, 등록 전에 분쟁을 방지하기 위한 목적으로 존재하는 제도입니다.

이의신청은 보통 제기되지 않으며, 출원공고 기간 2개월이 지나면 상표등록결정이 통지됩니다. 상표등록결정 후 2개월 이내에 등록료를 납부하면 상표등록절차가 완료되고 등록증을 받을 수 있습니다. 이렇게 심사 기간 1년, 출원공고 기간 2개월 등 모든 기간을 합산하면 상표등록 완료까지 1년 6개월이 소요될 수 있다는 점을 미리 인지해야겠죠? 상표등록절차가 완료되면 등록된 날로부터 10년간 존속할 수 있으며, 존속기간이 만료될 때쯤 다시 존속기간을 10년 갱신하여 등록할 수 있습니다.

3.
한국 브랜드,
세계를 누벼라

해외 시장에 진출하려면
해외 국가에서 상표권을 확보하자

앞에서 설빙의 사례를 살펴보았죠? 한국에서는 상표를 등록했지만 중국에서 상표를 선점당할 수 있는 이유는 한국의 상표권은 한국에서만 효력이 있기 때문입니다. 즉, 상표권은 상표를 등록한 국가에서만 효력이 있습니다. 어느 국가의 법률이 그 국가에만 미치는 것은 당연하지만, 각 나라마다 상표등록을 별도로 해야 한다고 말하면 어떤 사람들은 놀라기도 합니다. 국내 시장을 넘어 글로벌 시장에서 경쟁하려면 반드시 해외에도 상표를 등록해야 합니다.

그렇다면 전 세계에서 상표권을 확보해야 할까요? 이는 해당 브랜드의 중요성과 경영적 판단에 따라 달라집니다. 해당 브랜드가 중요한 경우에는 많은 국가에서 상표권을 확보하는 것이 좋겠지만, 여러 국가에 상표등록을 신청하면 많은 비용을 투자해야 합니다. 특히 다양하고 많은 수의 상표권을 확보해야 하는 경우에는 비용이 기하급수적으로 증가하게 됩니다. 따라서 필요한 주요 국가에만 선택적으로 상표등록을 신청하는 것이 일반적입니다.

한국 기업이 한국에서 상표등록을 신청한 후, 해외 국가에서 상표등록을 신청하기 위해서는 일정한 시간이 필요합니다. 각국의 언어와 제도가 다르기 때문입니다. 만일 한국에서 상표등록을 신청하고 중국에 상표등록을 신청하기 위하여 준비하고 있는데, 다른 사람이 중국에 먼저 상표등록을 신청할 수도 있습니다. 이러한 경우 중국에서 먼저 상표등록을 신청하지 않았기 때문에 등록을 받지 못하는 불이익을 받습니다. 참으로 억울한 일이지요.

이러한 문제점을 인식하고 아주 오래 전에 세계 대부분의 국가가 조약을 체결했습니다. 예를 들어, 한국에서 상표등록을 신청하고 6개월 내에만 중국에 상표등록을 신청하면, 그 사이에 일어난 일 때문에 불이익을 주지 않기로 한 것이죠. 즉, 한국에서 상표등록을 신청하였기 때문에 전 세계적으로 상표등록을 신청할 수 있는 '우선권'을 부여하는 것입니다. 다만 6개월이라는 기간을 지켜야만 합니다. 현실적으로 상표등록을 신청하면 심사를 받기 위하여 차례를 기다리며 대기만 하다가 신청일로부터 7~12개월 무렵 심사결과가 나옵니다. 이러한 심사 결과와 우선권 기간이 동시에 도래하는 문제점이 있기 때문에, 빠르게 심사 결과를 받기 위하여 우선심사를 신청할 수 있습니다. 우선심사를 신청하면 상표등록 가능성을 2~3개월 만에 알 수 있게 됩니다. 특허권 또는 디자인권과 비교하면, 상표등록 신청을 위한 우선권 기간은 상대적으로 중요성이 떨어집니다. 발명 또는 디자인은 창작이므로 우선권 기간을 지키지 않은 상태에서 제품을 판매하거나, 디자인이 세상에 알려진다면, 디자인이 새롭지 않다는 이유로 해외에서 디자인을 등록할 수 없습니다. 반면 상표는 창작이 아닌 선택이므로 상표가 세상에 알려지더라도 우선권 기간이 지난 후에 해외에서 상표를 등록할 수 있습니다. 상표는 새롭지 않다는 이유로 거절되는 경우는 없기 때문입니다.

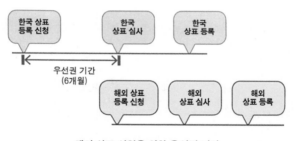

해외 상표 신청을 위한 우선권 기간

보통 기업에게 상표권이 필요한 주요 국가는 어떻게 결정될까요? 그 제품의 주요 소비시장에 해당되는 국가에 상표를 등록하는 것이 마땅합니다. 그렇다면 현재 한국인 또는 한국 기업은 어떤 국가에서 상표를 등록하고 있을까요? 기존에는 상표권을 포함한 해외 지식재산권의 확보가 미국에 집중되어 있었습니다. 왜냐하면 미국의 소비시장이 가장 컸으며, 지식재산 보호 정책도 가장 강력했기 때문입니다. 요즘은 미국 중심의 소비 시장이 중국, 유럽 등 여러 나라로 분산되어 옮겨가고 있습니다. 특히 중국은 한국에게 가장 큰 수출 국가가 되었으며 상표권 분쟁이 급속히 증가하고 있기 때문에, 한국인 또는 한국 기업은 중국 상표권을 확보하기 위해 노력하고 있습니다.

2020년 통계를 보면, 다음과 같이 한국인 또는 한국 기업은 중국, 미국, 유럽 등 주요 수출 국가에 상표등록을 신청하고 있습니다. 한국에서 먼저 상표등록을 신청하는 것이 가장 중요하지만, 이제는 소비시장 크기와 해당 제품의 주요 소비시장에 상표권을 확보하고 '국가별 포트폴리오'를 갖추는 것도 중요해졌습니다.

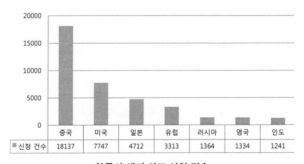

한국의 해외 상표 신청 건수

참조: WIPO, World Intellectual Property Indicator 2021

세계 상표권은
없다? 있다!

우선권을 주장해서 6개월 내에 각 국가마다 상표등록을 신청하더라도 여전히 불편함이 있습니다. 각 국가의 언어와 제도에 맞게 상표등록을 별도로 신청해야 하기 때문이죠. 이때 현지 국가의 변리사를 선임해야 합니다. 이러한 불편함을 해소하기 위하여 국제 상표를 등록하는 제도를 만들었습니다. 하나의 언어로 한 번만 상표를 등록하면 여러 국가에서 효력이 생기게 됩니다. 국제 상표는 한국 특허청에 제출하면 됩니다. 참으로 편리한 제도입니다. 다만 국제 상표를 등록하기 위해서는 반드시 한국 상표에 기초해야 합니다.

한국 특허청에 국제 상표를 제출한 날이 그대로 '국제 등록일'이 됩니다. 그리고 존속기간은 국제등록일로부터 10년이며 하나의 국제등록을 갱신하면서 상표권을 관리할 수 있습니다. 국제등록 이후에 신청인이 지정한 국가들에서 심사를 통과해야 등록이 완료됩니다. 이러한 의미에서 국제등록은 임시적인 등록입니다. 아무런 문제없이 지정한 국가에서 심사가 통과된다면 국제등록이 그대로 유효하게 되며, 심지어 해외 국가의 대리인을 선임할 필요도 없습니다. 해외 국가에서 심사관이 지적한 상품의 명칭을 보정하기 위해서는 해외 대리인을 선임해야 하므로, 되도록 상품 명칭의 보정이 최소화되도록 노력할 필요가 있습니다. 지정 국가에서의 심사기간은 일정하게(한국은 18개월) 정해져 있기 때문에 상표권의 취득 여부를 확실히 파악할 수 있다는 장점이 있습니다. 또한 존속기간의 갱신, 권리자의 명의 변경도 각 국가별로 하는 것이 아니라 한꺼번에 관리할 수 있다는 편리함이 있습니다. 국제 상표에 대한 협정의 가입 국가 및 기구는 다음과 같이 충분한 상태이므로, 여러 가지 장점들로 인하여 많은 기업이 활용하고 있습니다.

마드리드 국제출원 가입 국가

출처: WIPO, Madrid yearly review 2021

국제 상표등록은 반드시 한국 상표에 기초해야 한다고 했죠? 한국 상표등록을 신청하거나 한국 상표가 등록되고 나서 국제 상표등록을 신청한다는 의미입니다. 만일 한국 상표등록을 신청하였는데 등록이 거절되면 어떻게 될까요? 기초가 되는 한국 상표가 거절되면 이에 종속되는 국제등록은 취소됩니다. 국제등록의 종속성 또는 집중 공격(central attack)이라고 부릅니다. 참으로 무서운 결과죠. 다시 각 해외 국가에 상표등록을 신청하면 국제등록일로 소급하여 심사를 진행한다는 구제책이 있지만, 결국 상표 절차를 처음부터 다시 밟아야 된다는 점에서 무의미한 구제책이라 할 수 있습니다. 따라서 다음과 같은 전략을 구사할 필요가 있습니다.

한국 상표의 등록 가능성이 의심된다면, 추후 한국 상표등록의 거절로 국제등록이 취소되는 일을 방지할 필요가 있습니다. 이러한 경우 한국 상표등록을 신청하고 우선심사를 신청할 필요가 있습니다. 우선심사에서 긍정적인 결과가 나온 후에 우선권을 주장하여 국제 상표등록을 신청해도 타이밍이 늦지 않기 때문입니다.

브랜드, 결국엔 상표등록이 필요합니다

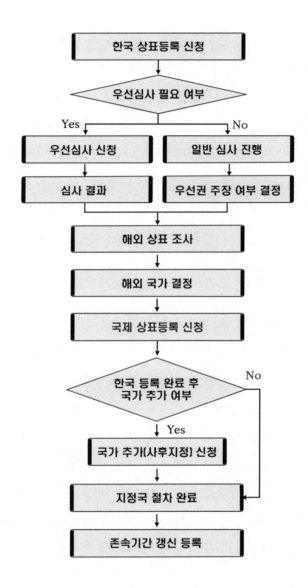

이와 다르게 한국 상표의 등록 가능성이 매우 높다면, 우선심사가 아닌 일반 심사를 거쳐 결과를 기다리면 됩니다. 또한 한국 상표등록 신청에 대해 우선권을 주장하면서 바로 국제 상표등록을 신청할 수 있습니다. 반면에 일반 심사를 선택하고 한국 상표의 등록 가능성을 가늠하기 어려워 완전한 확인이 필요하다면, 한국 상표의 심사 결과를 1년 정도 기다려야 되므로 우선권 주장을 할 수 없습니다. 결국 우선심사를 신청하지 않는다면, 바로 국제 상표등록을 신청할지, 아니면 한국 상표의 등록 가능성을 완전히 확인하고 국제 상표등록을 신청할지에 따라 우선권 주장 여부가 결정됩니다.

이후 최소한 동일한 상표가 해외에 등록되어 있는지 검토하고, 해외 국가를 결정하여 국제 상표등록을 신청합니다. 한국 상표등록이 무사히 완료되면 일단 안심할 수 있는 단계이므로 기존에 지정된 해외 국가 외에 국제 상표등록에 추가시킬 국가가 있는지 검토합니다. 이렇게 해외 국가를 추가하는 것을 '사후지정'이라고 부르고 있습니다. 지정국의 심사관이 거절 이유를 통보한다면, 거절 이유를 극복할 수 있는지 여부를 간단히 검토하고 지정국의 대리인을 선임할지 여부를 결정합니다. 너무나 명백하게 동일한 상표가 존재하고 거절 이유를 극복할 수 없다면, 대리인 선임이라는 복

브랜드, 결국엔 상표등록이 필요합니다

잡한 절차를 진행할 필요가 없기 때문입니다. 지정국 절차가 모두 완료되면 등록이 유지되는 국가와 거절된 국가가 구분되어 정리가 됩니다. 국제 등록에 대한 존속기간 갱신은 국제 등록일로부터 10년이 도래할 때 국제 등록에 대한 한 번의 갱신 절차를 통하여 관리할 수 있습니다.

미국, 상표의 사용 증거를 제출해야 한다

　미국 상표 제도는 한국과 다르게 상표의 사용을 요구합니다. 이를 '사용주의'라고 부르며, 등록주의와 대비되는 개념입니다. 미국 상표등록을 신청하기 위해서는 실제로 현재 미국에서 상표를 사용하고 있는지, 앞으로 미국에서 상표를 사용할 계획이 있는지, 또는 외국의 상표등록을 기초로 미국에서 동일한 상표를 사용하고자 하는지를 선택해야 합니다. 따라서 미국에 상표등록을 신청할 때는 다음과 같은 절차를 고려해야 합니다.

　한국 상표등록을 신청한 후 미국 내 상표 사용계획이 있는지를 먼저 검토합니다. 미국에서 이미 상표를 사용하고 있거나 사용할 계획이라면 즉시 미국 상표등록 신청을 준비해도 아무런 문제가 되지 않습니다. 특히 미국에서 이미 상표를 사용하고 있다면 사용 증거를 미국 상표등록 신청과 함께 제출합니다. 아마존과 같은 온라인 판매를 진행하고 있다면, 웹 페이지에 대한 출력물을 간단히 제출하면 됩니다.

브랜드, 결국엔 상표등록이 필요합니다

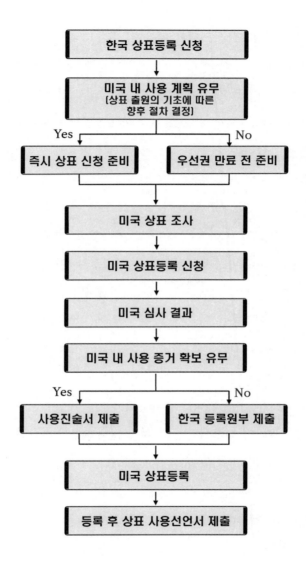

하지만 추후 비즈니스 계획 때문에 미리 미국 상표등록을 신청하는 경우, 한국의 상표등록을 기초로 미국 상표를 등록해야 하므로 적절한 타이밍을 결정해야 합니다. 한국의 상표가 등록까지 소요되는 기간이 1년 이상이므로 미국 상표등록의 신청은 미리 서두를 필요가 없습니다. 우선권 주장을 하면서 미국 상표등록을 신청한다면 우선권 기간이 만료되기 직전에 완료하면 됩니다. 우선권 주장이 필요하지 않다면 충분히 시간을 갖고 한국 상표에 대한 심사 결과를 받고 나서 미국 상표등록을 신청해도 됩니다.

미국 상표 심사 과정에서 상품이나 서비스의 명칭을 구체적으로 한정하라는 통지서가 자주 발생하고 있습니다. 이러한 통지서를 극복하는 데 어려움은 없으나, 다른 나라에 비해 구체적인 명칭을 요구한다는 점을 기억해둘 필요가 있습니다. 미국 상표에 대한 긍정적인 심사 결과에 따라 출원공고와 상표등록결정이 통지되더라도, 사용 증거가 확보되었는지 확인해야 합니다. 미국 내 상표 사용 증거가 있다면 다행이지만, 그렇지 않다면 6개월에 한 번씩 사용진술서에 대한 제출을 유예해야 합니다. 사용진술서의 제출은 최대 3년까지 유예할 수 있습니다. 이 기간 내에 사용증거가 확보되면 이를 제출하여 최종적으로 상표가 등록됩니다. 이뿐만이 아닙니다. 상표등록 후에도 사용증거를 제출해야 합니다. 상표등록

브랜드, 결국엔 상표등록이 필요합니다

후 5~6년 사이에 상표 사용선언서를 제출해야 하며, 존속기간 갱신 등록을 진행할 때도 또다시 사용선언서를 요구합니다.

마지막 방법은 한국 상표등록을 기초로 미국에 상표를 등록하는 방법입니다. 한국 상표등록이 마무리되지 않았다면 미국 심사를 통과하더라도 한국 상표등록원부를 제출할 때 비로소 출원공고와 상표등록이 이루어집니다. 따라서 한국 상표등록에 필요한 시간만큼 미국 상표등록의 신청 및 심사를 지연할 필요가 있습니다. 한국 상표등록원부를 제출하여 미국 상표등록이 완료되더라도, 상표등록 후 5~6년 사이, 그리고 존속기간 갱신 등록을 할 때 사용선언서를 제출해야 합니다.

4.
중국, 이젠 상표등록이
필요한 최우선 국가이다

중국 상표 확보의 최선책!
한발 앞서서 상표등록을 신청하라

A사의 담당자는 자신의 회사 브랜드가 중국에서 계속 선점당하는 장면을 목격합니다. 도대체 어떻게 하면 상표를 선점당하지 않을 수 있는지 저에게 문의하였지요. 저는 한발 앞서서 상표등록을 신청해야 한다고 답변하였습니다. 너무나도 허망한 답변인가요? 특별한 묘책은 없습니다. 또한 중국에는 위조 상품이 성행합니다. 이를 반대로 생각하면, 브랜드를 상표로 등록해야 할 필요성이 더욱 크다고 할 수 있습니다. 중국에서 상표권이 없다면 아무런 조치도 취할 수 없기 때문입니다. 또한 중국은 위조 상품이 많기 때문에, 중국 시장에 진출할 때 중국 상표에 대한 권리가 있는지 역으로 한국 기업에게 확인을 요청하기도 합니다. 중국도 브랜드를 보호하는 환경을 만들기 위해 강력한 정책과 법률을 시행하고 있습니다. 중국에 대한 선입견을 버리고, 중국에서 상표권을 활용하여 비즈니스를 보호하는 전략을 선택해야 합니다.

먼저 중국의 상표 제도에 대해 간단히 살펴보시죠. 중국에서도 한국과 동일하게 45개의 상품류로 구분하고 있습니다. 다만 유사군 코드가 4자리 숫자로 이루어져 있으며, 상품류를 의미하는 앞자리 두 개 숫자와 상품류 내에서 순번을 의미하는 뒷자리 두 개 숫자로 구성됩니다. 중국에서는 흔히 지정상품의 명칭이 정확하지 않다는 이유로 보정통지서가 발생됩니다. 한국과 달리, 중국에서는 정해져 있는 상품 명칭만을 사용하여 상표등록을 신청해야 합니다. 예외적으로 임의의 상품 명칭을 기재하고 이에 대한 설명을 첨부할 수도 있지만, 중국 특허청이 이를 수용하지 않는 경향이 있습니다. 중국의 상품 명칭은 한국보다 세분화되어 있지 않아 불편을 겪게 됩니다.

한편 한국은 제35류의 도매업 및 소매업, 예를 들어 화장품 소매업 또는 도매업을 지정할 수 있는데, 중국은 소매업 또는 도매업에 대해 각각의 상품을 지정할 수 없습니다. 이러한 경우 중국 선점자가 자신의 브랜드를 선점하는 것을 방지하기 위하여, '온라인 마켓 제공업' 또는 '타인을 위한 판매대행업'으로 등록하여 제35류의 소매업 또는 도매업을 대신할 수 있습니다. 다만 이러한 방식은 중국 내에서 자신의 브랜드가 선점되는 것을 방지하는 방어적 조치일 뿐이며, 비즈니스 전개에 직접적인 영향을 주는 경우는 드뭅니다.

본격적으로 중국 상표등록을 위한 절차를 알아보겠습니다. 보통 한국에서 상표등록을 신청한 후 중국 상표를 간단히 조사해봅니다. 중국 상표 검색 사이트에서 영어 또는 중국어로 검색할 수 있으며, 중국어의 경우 중문 한자의 모양이 비슷한지가 특히 중요합니다. 간단한 상표 조사를 마치고 무리가 없다면, 중국 변리사에게 상표등록에 필요한 정보들을 송부해줍니다. 중국 상표 신청인은 이름과 주소를 중문과 영문으로 준비합니다. 보통 회사의 중문 이름이 없는 경우가 많은데, 중국 변리사가 적절하게 만들어주기도 합니다. 법인의 경우 사업자등록증 사본을 제출해야 하고, 법인이 아닌 경우 여권 또는 주민등록증 사본을 보내줘야 합니다. 한국에서 먼저 상표를 신청한 경우 6개월 내에 우선권을 주장할 수 있으므로, 우선권에 대한 정보를 정확히 전달해야 합니다. 특히 중국 변리사는 중국의 지정상품 명칭에 대해 확인하고, 중국 실무에 맞게 상품 명칭을 수정하자는 제안을 종종 합니다.

중국 상표등록을 신청하면 방식심사, 실질심사, 출원공고, 이의신청 및 등록결정의 절차를 차례로 밟게 됩니다. 기존에는 중국 상표의 심사 결과를 받는 데 1년이 소요되었지만, 이 기간이 계속 짧아지면서 최근에는 4개월 정도면 결과가 나오는 경우도 있습니다.

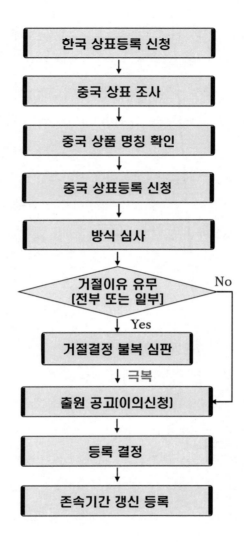

상표등록이 신청된 후 상표출원번호는 1개월 후에 받을 수 있습니다. 한국의 경우 상표등록을 출원한 날 바로 상표출원번호를 받을 수 있지만 중국은 약간의 시간이 소요됩니다. 상표등록의 출원 서류가 제출되면 방식심사가 진행됩니다. 규정에 부합하지 않는 사항을 체크하고, 중국 특허청은 보정 통지서를 발송하는 경우가 있습니다. 대부분 기재된 지정상품이나 서비스업 명칭이 규정에 맞지 않거나 불명확한 경우에 보정 통지서가 발행됩니다. 신청인은 통지를 받은 날로부터 30일 이내에 보정서를 제출해야 하고, 보정서를 제출하지 않는 경우 상표등록 출원은 포기된 것으로 간주됩니다.

방식심사를 통과하면 실질심사가 진행됩니다. 한국의 경우 심사관은 거절 이유가 발견되면 반드시 의견제출 통지서를 발송하여 2개월의 기간 내에 신청인에게 의견 제출 또는 보정의 기회를 제공합니다. 하지만 중국 특허청은 일반적으로 의견제출 통지서(심사의견서)를 발송하지 않고 바로 거절 결정서를 발송합니다. 바로 거절 결정되니 깜짝 놀라는 분들이 많습니다. 중국 특허청이 심사의견서를 발송하는 경우는 사용에 의한 식별력 취득 등 예외 규정을 적용할 수 있는 가능성이 있는 경우에 한정됩니다. 심사의견서는 1회에 한하여 발송하고, 신청인은 심사의견서를 받은 날로부터 1개월 내에 의견을 제출해야 합니다.

한국의 경우 일부 지정상품에 거절 이유가 해소되지 않으면 전체 거절 결정되지만, 중국 특허청은 일부에 거절 이유가 있는 경우 상표출원 부분 거절 통지서를 발행합니다. 부분 거절 통지서에 대하여 일부 거절된 지정상품에 대해 거절결정 불복심판을 청구할 수 있습니다. 만일 거절결정 불복심판을 청구하지 않으면, 심판 청구기간이 경과한 후 심사를 통과한 지정상품에 대하여 바로 출원공고가 진행됩니다. 신청인에게 중요한 상품이 거절되어 더 이상 절차를 진행하지 않기로 결정했지만, 자동으로 절차가 진행되어 출원공고, 이의신청, 등록결정, 등록증에 대한 통지가 계속 발생할 수 있습니다.

거절결정 불복심판은 통지서를 받은 날로부터 1개월 내에 청구해야 하며, 청구서 제출일로부터 3개월 내에 증거 자료를 제출할 수 있습니다. 보통 등록 거절의 근거가 되는 인용 상표에 대해 이의신청이나 취소심판을 청구했다면, 거절결정 불복심판을 청구하면서 심리 유예를 신청할 수 있지만 인용 상표에 대한 결과를 기다려줄지 알 수 없습니다.

실질심사를 통과하면 출원공고가 되고 이의신청 기간이 부여됩니다. 이의신청 기간은 출원공고가 이루어진 날로부터 3개월입니

다. 이의신청인은 이의신청 후 3개월 이내에 이유 및 증거를 보충할
수 있고, 피이의신청인은 30일 내에 답변서를 제출할 수 있습니다.
이의신청이 받아들여지지 않아 등록 결정되는 경우, 이의신청인은
이에 불복할 수 없고 등록 후 무효심판으로 다투어야 합니다.

　이의신청 기간까지 무사히 통과하면, 상표등록결정이 이루어지
고 등록증이 발급됩니다. 한국은 등록결정 후 등록료를 납부해야
하지만, 중국 상표 제도에서는 등록결정에 대해 아무런 조치를 취
하지 않더라도 등록증이 자동으로 발급된다는 차이점이 있습니다.

이미 중국 상표를 선점당했다면, 상황에 따라 유연하게 대응하자

중국 선점자가 한국 브랜드를 선점한 경우 어떻게 대응할 수 있는지 알아보겠습니다. 한국에 상표등록을 신청하고 6개월이 지나지 않은 시점에서 중국 선점자의 상표등록 신청을 발견하였다면, 우선권을 주장하면서 중국 상표의 등록 신청을 제출하면 됩니다. 우선권을 주장하면 한국 상표의 등록 신청일을 기준으로 등록 가능 여부를 판단하기 때문에, 중국 선점자보다 먼저 상표등록을 신청한 것으로 취급됩니다.

이 경우 외에는 중국 선점자의 상표 신청에 이의신청을 하거나 상표등록의 무효심판을 청구해야 합니다. 이의신청이나 무효심판을 청구하면 상표 양도 협상을 진행하자는 연락을 받을 수 있습니다. 무조건 협상을 거부할 필요는 없어요. 양도 금액과 이의신청 또는 무효심판에 소요될 비용을 비교하고, 중국 진출 시기 등을 고려하여 유연하게 대응해야 합니다. 감정보다는 비즈니스 관점에서 결정해야겠지요. 예를 들어 양도 금액이 법률 비용과 큰 차이가 나지 않고 중국 진출 시기가 다가온다면 양도 협상을 진행하는 것이 합리적입니다.

2019년 중국 상표법이 개정되면서 '사용을 목적으로 하지 않는 악의적 상표출원은 거절해야 한다'는 제4조 규정이 신설되었습니다. 중국 상표 선점자가 사용하지 않는 등록상표를 다수 가지고 있는 경우, 이를 증거로 제출하여 이의신청이나 무효심판을 청구할 수 있습니다. 실제로 중국 상표 선점자는 특정 분야의 한국 브랜드를 여러 개 선점하는 경우가 많습니다. 예를 들어 한국에서 몇 년 전부터 유행하였던 레깅스와 관련된 여러 회사의 브랜드를 특정 상표 선점자가 모두 선점한 경우를 발견할 수 있었습니다.

다음으로 계약 관계나 거래 관계에 있는 사람들이 중국에 상표를 선점할 수도 있습니다. 이 경우 계약 관계나 거래 관계에 있음을 입증하여 상표법 제15조에 따라 이의신청 또는 무효심판을 청구할 수 있습니다. 무엇보다 중국 시장 진출을 위하여 계약이나 거래가 이루어지기 전에 상표권을 확보하는 것이 중요하며, 그렇지 않을 경우 계약 관계나 거래 관계라는 증거를 확실히 남겨두어야 합니다.

한편 상표법 제44조에서 '기만 수단 또는 기타 부정당한 수단으로 상표등록이 된 경우, 상표국에서 해당 등록상표에 대해 무효 선고를 내린다'라고 규정하고 있습니다. 타인의 브랜드와 동일한 상표를 사용할 의도도 없으면서 대량으로 등록한 경우, 이 규정을 근거로 상표등록을 무효화시킬 수 있습니다.

전략적으로 중국에서 저작권을 등록하는 방안도 생각해볼 수 있습니다. 중국에서 타인이 상표등록을 신청하기 전에 자신의 저작권이 등록되어 있다면, 이의신청 또는 무효심판을 통하여 분쟁을 해결할 수 있습니다. 저작권으로 등록될 수 있는 사항은 문자가 로고화되었거나 심볼, 엠블럼 등 도형 상표에 해당하는 부분입니다.

이상 알아본 바와 같이, 중국 브랜드를 선점당하기 전에 먼저 중국 상표를 신청하는 것이 최선의 예방책입니다. 중국 회사와 업무협력을 논의하거나 박람회에 출품하기 전에 중국 상표권을 취득하려는 노력을 기울여야 합니다. 최근에는 중국 상표 선점자가 한국 브랜드를 변형하여 비슷한 상표를 등록하거나 다른 사업 영역에 상표를 등록하기도 합니다. 게다가 한국 기업의 영문 브랜드에 중국어를 추가하거나 한글을 추가하여 제출하는 경우도 있습니다. 이렇게 등록된 상표 때문에 중국 소비자가 브랜드를 혼동하게 되고, 한국 기업이 중국 시장에 안착하지 못하는 경우가 발생합니다. 심지어 중국 상표 선점자가 역으로 한국에 상표를 등록하는 어이없는

상황까지 발생하고 있습니다. 이러한 어려움이 발생하면, 중국 상
표 선점자의 선점 행위에 즉각 대응하고 관련 기관의 도움을 요청
하여 해결해나가야 합니다. 한국 기업의 거의 모든 산업 분야는 중
국 진출이 필수가 된 만큼 중국 브랜드 확보를 당연시해야겠죠?

브랜드, 결국엔 상표등록이 필요합니다

CHAPTER 4

상표권, 비즈니스를 보호하는
든든한 재산이 되다

1.
적극적으로
상표권을 주장하라

나의 브랜드,
내가 스스로 지킨다

    아무리 사업이 번창하더라도 브랜드는 결국엔 상표등록이 필요합니다. 특히 동일한 브랜드로 온라인에서 판매를 하는 사람들이 늘어나도 손을 쓰지 못한 경험을 해본 회사는 상표등록의 소중함을 잘 압니다. 나의 브랜드를 상표로 등록했다면 적극적으로 자신의 권리를 주장해야 합니다. 즉, 권리 위에 잠자는 자는 보호받지 못하는 것이죠. 다른 사람들의 위조 상품으로 골머리를 앓았던 사람들은 바로 권리 행사에 나섭니다. 하지만 너무 많은 위조 상품들에 일일이 대처할 수 없지요. 전문가에게 모두 맡기면 많은 비용이 들 수도 있습니다. 규모가 작은 기업일수록 이 비용은 큰 부담이 됩니다. 비용을 절감하면서 스스로 할 수 있는 방법이 있습니다. 시간이 좀 걸리겠지만 차분하게 꾸준히 상표권을 활용하면 서서히 효과가 나타납니다. 그리고 다른 사람들이 이 브랜드를 베끼면 안 되겠다는 생각을 하게 되지요. 결국엔 많은 사람들에게 소문이 납니다.

먼저 오픈 마켓에 대해 조치를 취해야 합니다. 오픈 마켓은 대부분 지식재산권 신고센터를 운영합니다. 만일 어떤 오픈 마켓이 이런 신고센터를 운영하지 않는다면 담당 부서에 이메일을 보낼 수도 있습니다. 예를 들어 네이버 스마트스토어는 다음과 같은 지식재산권 신고센터를 운영하고 있으며, '권리자 등록'을 해두고 상표권 침해상품을 신고할 수 있도록 시스템을 갖추고 있습니다. 상표권자가 침해신고를 하면 네이버 스마트스토어는 상표권의 내용을 검토하고 판매자에게 소명을 요청합니다. 대부분의 판매자는 소명서를 제출하지 않기 때문에 판매 금지로 이어집니다. 아주 간단하면서도 효율적으로 상표권 침해를 저지하는 방법입니다.

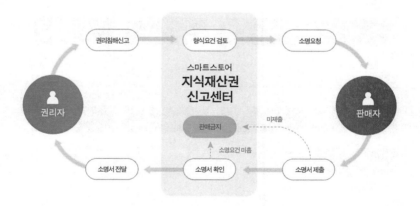

출처: 네이버 스마트스토어 지식재산권 신고센터

한편 중국, 베트남 등에서 위조 상품(짝퉁)이 수입되어 유통되는 경우도 있습니다. 일단 수입되면 유통 단계에서 침해 상품을 찾아내고 판매를 금지시키는 데 시간을 투자해야 합니다. 침해 상품의 수입 단계에서 저지할 수 있는 방법이 없을까요? 그 방법은 관세청에 상표권을 신고해두는 것입니다. 신고서를 제출한 후 '신고서 처리결과 통보서'를 받을 수 있어 확실한 결과를 알 수 있습니다. 신고된 상표권 정보는 관세청 전자시스템을 통해 세관과 공유되고 통관 단계에서 단속이 가능해집니다. 관세청에서 침해우려물품을 발견하면 상표권자에게 통보되고 침해 상품의 통관을 보류시킬 수 있습니다.

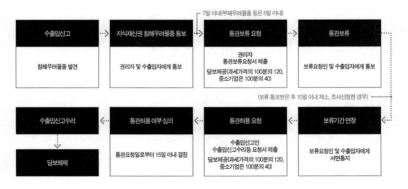

지식재산권 통관보류 흐름도

출처: 관세청 홈페이지

　브랜드, 결국엔 상표등록이 필요합니다

다음으로 형사 고소를 생각할 수 있습니다. 특허청은 산업재산 특별사법경찰을 운영하고 있습니다. 침해 상품을 구매하여 신고를 진행하면 더욱 빠른 처리가 가능합니다. 산업재산 특별사법경찰은 현장조사와 단속을 진행하고 판매자를 입건하여 검찰에 송치할 수 있습니다. 온라인으로 판매된 경우 게시물이 삭제되고 사이트가 폐쇄될 수 있습니다. 판매자 입장에서 경찰에게 조사받는 일은 상당한 압박이 되며, 경찰이 검찰에 송치하면 보통 판매자는 벌금형을 받게 됩니다.

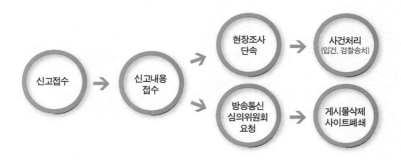

산업재산 특별사법경찰 업무 흐름도

출처: 산업재산침해 신고센터 홈페이지

또한 특허청은 산업재산권 분쟁조정위원회를 통하여 분쟁을 신속하게 해결할 수 있도록 돕고 있습니다. 상표권자는 별도의 신청 비용 없이 조정신청서를 작성하여 제출하면 3개월 만에 조정이 이루어질 수 있습니다. 조정은 전문분야의 조정위원들이 진행하며, 조정이 성립하면 재판상 화해와 동일한 효력이 있습니다. 특허청 자료에 따르면 최근 상표권의 조정 성립율은 36% 정도라고 합니다.

상표권 침해는 소송보다는
침해 중지를 요청하자

상표권 침해가 발생하면 손해배상 등 민사 소송을 먼저 떠올리는 분이 많습니다. 소송의 비용과 기간을 생각하면 조금이라도 간소하게 분쟁을 해결해야 합니다. 상표권자는 급한 마음에 상표권 침해가 발생했으니 조치를 취해달라고 저에게 연락을 해옵니다. 저는 간략하게 상표와 상품을 비교해보고 상표권 침해라고 판단되면, 상표권자에게 이렇게 말합니다. '흥분을 좀 가라앉히시고요, 그냥 판매자에게 전화해서 판매하지 말라고 요청하세요' 상표권자는 좀 황당해하지요. 하지만 제가 생각하는 가장 빠른 방법은 이런 방법입니다. 판매자는 상표권 침해를 전혀 모를 수도 있습니다. 예를 들어 소매업을 하면서 다양한 물건을 판매하고 있는데, 상표권자가 판매하지 말아달라고 요청하면 대부분 받아들입니다. 한국 사람들은 분쟁을 싫어하는 모양입니다.

상표권자의 요청에도 불구하고 판매자는 상표권 침해가 아니라고 항변할 수도 있습니다. 오히려 판매자가 화를 내면서 상표권자에게 윽박지를 수도 있지요. 이런 경우에는 어쩔 수 없습니다. 따끔한 경고가 필요합니다. 예전에는 경고장이라는 용어를 많이 사용했습니다. 요즘에는 경고장이라는 용어보다는 요청문 또는 통지문이라는 제목을 붙입니다. 경고장이 영업방해에 해당될 수 있다는 법원의 판결이 나온 이후에 정중하게 침해 중지를 요청하고 있습니다.

침해 중지 요청문의 내용은 상표권의 내용, 판매자의 판매 사실, 침해 중지의 요청입니다. 판매자에게 매출 내역과 손해 배상을 요청할 수 있지만, 과도한 자료의 요청은 자제해야겠습니다. 요청문은 사실관계를 중심으로 작성하고 주관적 판단은 최소화해야 합니다. 요청문은 내용증명으로 발송되고 대부분 변리사의 도장까지 찍혀 있기 때문에 판매자에게 상당한 압박이 됩니다. 판매자는 요청문을 받고 대부분은 판매를 중지하며 규모가 큰 기업은 매출 내역과 소정의 배상금도 지급합니다.

판매자 입장에서 어떤 생각을 할지 먼저 전략적인 판단이 필요합니다. 아직 비즈니스 시작 단계이고 판매량이 소량이라면 요청문을 받고 판매를 중지할 가능성이 높습니다. 특히 온라인에서 다양한 상품을 판매하고 있고 판매량이 많지 않으면 판매를 중지할 가능성이 매우 높습니다. 또한 요청문은 내용증명으로 발송되어 추후 상표권 침해의 '고의'를 증명하는 데 상당한 도움이 됩니다.

이러한 요청문에도 판매자가 자신의 정당성을 계속 주장한다면 어떠한 조치를 취할 수 있을까요? 특허심판원을 통하여 상표권 권리범위 확인심판을 청구할 수 있습니다. 침해자의 상표 행위가 상표권의 권리범위에 속한다는 것을 확인해달라는 심판입니다. 법원에서 판결로써 결론을 내리듯, 우리에게 익숙한 용어는 아니지만 특허심판원은 '심결'로써 결론을 내립니다. 이 심결에 불복하는 경우 특허법원, 대법원의 판단을 차례로 받을 수 있습니다. 특허심판원이 행정기관이긴 하지만 3심 구조처럼 되어 있습니다.

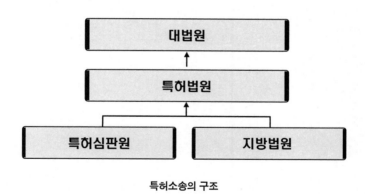

특허소송의 구조

또한 상표권 침해금지 또는 손해배상을 민사 소송으로 진행할 수 있습니다. 상표권 침해소송은 다른 분쟁과 마찬가지로 지방법원에 소를 제기해야 합니다. 1심 법원의 민사 본안 판결에 대해 불복하는 경우 2심은 고등법원이 아닌 특허법원이 관할합니다. 이후 특허법원의 판결에 불복하여 대법원에 상고할 수 있습니다.

2.
피할 수 없는 상표권 분쟁,
아는 것이 힘이다

상표권 침해 내용증명,
먼저 상표권 침해인지 차분히 검토하자

    상표권을 침해했다는 내용증명을 받으면 당황할 수밖에 없습니다. 너무 흥분하기보다는 먼저 상대방이 원하는 것이 무엇인지 알아야 합니다. 단순히 판매 중단을 원하는 것인지, 아니면 상표권의 라이선스 등으로 수익을 얻고 싶어 하는지 파악해야 효과적으로 대처할 수 있습니다. 내용증명을 받으면 과격하게 답변을 보내거나 무대응으로 일관할 필요가 없습니다. 내용증명에 대해 바로 답변하기 어려운 경우, 언제까지 검토하겠다는 등 어느 정도 상대방과 좋은 분위기를 형성하는 것이 바람직합니다. 이후 내용증명에 대해 차분하게 검토하고 다양한 조치 방안을 수립하여 분쟁을 원만히 해결해야 합니다.

    상표권의 침해가 성립하기 위해서는 일단 상표가 유사하고 상품도 유사해야 합니다. 하지만 상품 또는 서비스에 대해서 자세히 따져보지 않고 내용증명을 보내는 경우도 있습니다. 상대방의 상표권에서 상품과 서비스를 먼저 확인해야 하는 이유입니다. 또한 등록된 상표가 여러 구성요소를 포함하고 있는 경우, 브랜드로서 역할을 할 수 없는 부분, 즉 식별할 수 있는 힘이 없는 부분을 근거로 자신의 상표권을 주장할 수도 있습니다. 분명 다른 부분 때문에 상표로 등록되었는데, 아무런 권리도 없고 누구도 독점할 수 없는 부분을 자신의 상표권으로 오해하는 경우가 많습니다. 이런 두 가지 경우에 해당한다면 상표권 침해라고 할 수 없겠지요.

다음으로 자신의 사업에서 상대방이 등록한 상표를 브랜드로 사용하지 않은 경우에는 상표권 침해가 아닙니다. 대법원(2001도1355)은 자동차부품인 에어 클리너를 제조하면서 그 포장상자에 에어 클리너가 사용되는 적용차종을 밝히기 위하여 자동차 제작회사의 등록상표를 표시하였으나 제반 사정에 비추어 그 출처표시가 명백하고 부품 등의 용도설명 등을 위하여 사용한 것에 불과하다는 이유로 그 등록상표를 사용한 것으로 볼 수 없다고 판시한 바 있습니다. 즉, 등록상표인 '소나타'를 포장상자에 표시하였더라도 용도 설명에 해당할 뿐 상품의 브랜드로 사용하지 않았다는 의미입니다.

또한 대법원(2011다18802)은 지정상품을 귀금속제 목걸이 등으로 하는 등록상표 "🐕"의 상표권자인 甲 외국법인이 "🐕" 형상을 사용하여 목걸이용 펜던트를 판매하는 乙 주식회사를 상대로 상표권 침해중지 등을 구한 사안에서, 甲 법인의 등록상표와 乙 회사

제품의 형상은 전체적으로 상품출처의 오인·혼동을 피할 수 있는 것이어서 유사하지 않고, 乙 회사 제품의 형상은 디자인으로만 사용된 것일 뿐 상품의 식별표지로 사용된 것이라고 볼 수 없다고 판시하였습니다. 즉 브랜드로 사용되지 않고 디자인으로 사용된 경우 상표권 침해가 성립할 수 없다는 의미입니다.

브랜드의 사용과 디자인적인 사용이 현실적으로 헷갈리는 경우가 많습니다. 브랜드로 사용되었는지를 판단하기 위해서는 소비자 또는 거래자가 무엇을 브랜드로 보고 상품을 선택하는지를 판단의 기준으로 삼아야 합니다. 이러한 기준에서 대법원(2007후2834)은 '구두'를 사용상품으로 하고 "▇▇▇"으로 이루어진 확인대상표장의 도형 부분이 자타상품의 출처를 표시하기 위한 표장으로도 사용되었으므로, '가죽신, 부츠 등'을 지정상품으로 하고 "◯◯◯"으로 이루어진 등록상표와 확인대장표장이 표장 및 지정상품(사용상품)이 서로 유사하여 그 권리범위에 속한다고 판시하였습니다. 보통 구두의 윗부분에 표시된 브랜드를 보고 소비자가 상품을 선택하므로, 디자인으로 사용되었는지는 중요하지 않고 어쨌든 브랜드로 사용되었다는 의미입니다.

브랜드의 정당한
사용은 막을 수 없다

어떤 사람이 분식집을 운영하면서 자신의 상호를 간판에 표시하고 사용하고 있는데, 느닷없이 상표권 침해라는 내용증명을 받는다면 어떻게 해야 할까요? 이때는 과연 등록된 상표가 언제 신청되었는지를 검토해야 합니다. 만일 상표등록의 신청일보다 먼저 자신의 상호를 브랜드로 사용하고 있었다면, 등록된 상표와 상관없이 계속해서 사용할 수 있습니다. 이를 '선사용권'이라고 부릅니다. 소상공인이나 자영업자는 상표권을 확보하지 않고 상호나 성명을 브랜드로 계속 사용할 수 있도록 상표법에 규정되어 있습니다.

한편 한국 기업이 일본 기업으로부터 상품을 수입하여 한국에서 독점적으로 판매하기로 계약하였는데, 다른 사람이 소량으로 일본에서 수입하여 판매한다면 이를 막을 수 있을까요? 한국 기업과 다른 사람이 수입한 물건이 동일하다는 점이 소비자에게 피해를 주지는 않습니다. 오히려 동일한 품질의 상품을 더 저렴하게 구매할 수 있는 기회가 생기지요. 이를 진정상품 병행수입이라고 부릅니다. 진정상품 병행수입은 허용되고 있습니다. 한국 기업은 국내에서 독점적으로 판매하기로 했는데, 이러한 일들이 일어나면 다른 사람이 판매하는 것을 막을 생각을 합니다. 위조상품이 아닌 진정상품이라면 아무런 문제가 되지 않으므로, 자신에게 물건을 수출하는 일본 기업에게 상품의 가격을 자신이 수입한 상품보다 낮추어 판매하지 않도록 요청해야 합니다.

다음과 같은 그림을 통해 상표권과 관련된 법률관계를 따져보죠. A회사는 자신이 등록한 상표를 B회사가 사용하고 있음을 발견합니다. 이때 비교해야 할 대상은 A회사의 등록상표와 B회사의 사용상표입니다. A회사는 자신의 상표권을 권리로 주장하기 때문에 등록상표의 내용을 확인해야 합니다. 이때 A회사는 자신의 등록상표가 사용되지 않았다는 이유로 취소될 수도 있음을 주의해야 합니다. A회사가 B회사를 공격했는데, B회사가 A회사를 공격하는 반전이 일어나면 곤란합니다. 따라서 A회사는 자신의 등록상표와 사용상표를 비교하여 상표등록의 취소 가능성을 먼저 따져보아야 합니다.

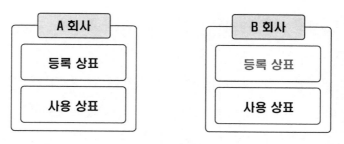

상표 분쟁의 법률관계

　A회사는 자신의 등록상표보다 늦게 신청된 B회사의 상표등록 신청을 보고 경계하게 됩니다. B회사의 상표에 A회사의 등록상표가 그대로 포함되어 있다면, A회사는 B회사의 상표가 심사 과정에서 등록이 거절될 것으로 당연히 기대하겠지요. 하지만 B회사의 상표가 심사를 통과하여 등록된다면 어떻게 해야 할까요?

　대법원(2007다65139)은 후등록상표권자가 선등록상표권자로부터 후등록상표에 대한 무효심결이 있어 후등록상표를 부착한 제품의 판매행위는 선등록상표권을 침해하는 것이라는 취지의 내용증명을 받고, 그 후 무효심결이 확정된 사안에서, 후등록상표권자는 적어도 '위 내용증명을 받은 날'부터는 후등록상표를 부착한 제품의 판매행위가 선등록상표권을 침해할 수 있다는 사실을 알았거나 알 수 있었으므로, 그날 이후에 이루어진 판매행위는 선등록상표권자에 대하여 불법행위에 해당한다고 판시한 바 있습니다.

B회사의 등록상표가 A회사의 등록상표와 유사하다면, 특허청의 상표등록이 잘못되었다는 이유로 무효심판을 청구할 수 있습니다. 또한 무효심판이 확정되면 상표등록은 처음부터 없었던 것이 되므로, 추후 A회사의 상표권을 침해할 수 있다고 내용증명을 보낼 수 있습니다. 물론 A회사는 상표등록 무효심판을 청구하기 전에 B회사가 상표권을 포기하고 A회사의 등록상표가 제외된 상태에서 상표를 등록받아 사용하도록 협의할 수 있겠지요. 대부분의 경우 상표가 등록되면 자신의 상표를 안심하고 사용할 수 있지만, 가끔은 이런 예외적인 상황도 생길 수 있습니다.

3.
브랜드,
기업의 가치를 결정한다

지식재산으로
경영하라

농업시대에는 토지가 중요한 요소였기에 영토를 확장하기 위한 전쟁이 빈번했습니다. 그리고 산업시대에는 자본과 노동력이 경제성장의 중요한 요소였습니다. 하지만 오늘날의 지식경제시대에는 지식과 혁신이 경제성장을 이끌고 있습니다. 지식경제시대의 혁신은 아이디어, 디자인, 브랜드를 기반으로 하며, 아이디어, 디자인, 브랜드를 지식재산권으로 보호함으로써 경쟁력을 지켜냅니다. 우리 모두는 이런 내용을 상식적으로 알면서도 지식재산을 중시하지 않는 현상이 지속되고 있습니다.

더욱 심각한 문제는 우리나라도 제조업 중심의 산업 구조를 탈피해야 한다는 데 있습니다. 미국은 일찍부터 제조업에서 일본이나 한국과 경쟁하기 어렵다는 것을 알고, 친특허(pro-patent) 정책을 펼쳤습니다. 즉, 제품을 생산하여 이익을 내는 것을 넘어서서, 지식재산을 통하여 전 세계에서 로열티를 거둬들이는 등 고부가가치를 창출하려 했습니다. 이에 일본도 제조업에서 한국과 경쟁하

브랜드, 결국엔 상표등록이 필요합니다

기 어렵다는 것을 알고 미국과 똑같은 길을 걷게 됩니다. 우리나라는 일본의 제조 경쟁력을 넘어서며 승승장구하였지만, 이제는 중국의 무서운 추격을 받고 있습니다. 이러한 상황에서 제조업 중 경쟁우위를 지킬 수 있는 부분을 제외하더라도, 미국과 일본이 그랬던 것처럼 지식재산을 중시하는 정책과 경영이 필요한 시기입니다. 지식재산을 중시하는 경영을 '지식재산 경영'이라고 말합니다.

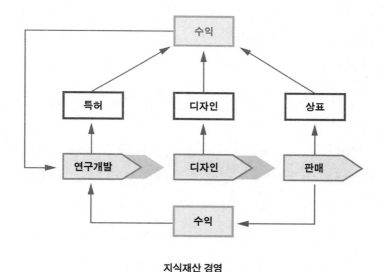

지식재산 경영

출처: 특허청, 사례 중심의 지식재산경영 매뉴얼 특허경영

지식재산 경영이란, 기업의 이익을 위하여 지식재산 전략을 수립하는 것이라고 정의할 수 있습니다. 즉, 지식재산을 통하여 기업의 이익을 극대화하는 경영 방식입니다. 연구·개발 단계에서 특허가 창출되고, 제품 생산단계에서 디자인이 확정되며, 제품 판매를 위하여 브랜드(상표)가 필요합니다. 더 나아가 영업비밀, 트레이드 드레스, 저작권 등도 창출될 수 있습니다. 이러한 혁신 활동을 지식재산권으로 보호하고, 지식재산권을 이용하여 로열티 수입을 확보하고 로열티 수입을 다시 연구·개발에 투입하여 경쟁력을 유지하는 전략입니다. 지식재산 경영은 로열티 수입으로 인한 이익으로 한정되지 않으며, 지식재산권에 의한 시장의 독점, 시장에서의 우위성 확보, 비즈니스 보호 및 협력 등 다양한 형태로 나타나게 됩니다.

지식재산 경영을 통해 지식재산 포트폴리오를 만들 수 있습니다. 다양한 지식재산은 강력한 포트폴리오를 형성하며 제품이 모방을 당할 위험 요인을 줄이게 됩니다. 지식재산권 중에서도 특허는 기술을 보호하기 위한 일반적인 권리인 것에 비해, 실용신안은 상대적으로 기술 수준이 낮은 소발명을 보호하기 위한 것으로 물품의 형상이나 구조에 관한 발명을 보호 대상으로 합니다. 각각의 지식재산권은 그 나름대로 별도의 가치를 가지고 있기 때문에 소발명을 보호하는 실용신안이라 하더라도 무시해서는 안 됩니다. 때때로 디자인권으로 보호되는 대상이 실용신안권으로 보호되기도 합니다.

최근 한국에서는 기술과 관련하여 특허만 강조되던 분위기에서 영업비밀 보호를 강화하기 위한 움직임이 있습니다. 또한 애플과 삼성의 소송 이후에 디자인권의 중요성이 부각되었고, 디자인 등록이 활발히 이루어지고 있습니다. 브랜드(상표)는 기존 대기업은 물론이고 스타트업, 소상공인, 자영업자 모두가 그 중요성을 인식하여 상표등록이 급증하고 있는 추세입니다.

지식재산 포트폴리오의 구성

한국 기업들은 그동안 끊임없는 기술 혁신을 통하여 경제성장을 이끌어왔습니다. 하지만 기술의 상향평준화가 가속화하면서 디자인과 브랜드의 중요성이 부각되고 있습니다. 이런 시대적 흐름상, 지식재산 경영에서는 디자인과 브랜드 경영이 강조될 수밖에 없습니다. 최근에는 제품을 직접 생산하지 않는 기업이 많아지고 있습니다. 이런 기업은 제품 생산기술을 연구·개발하는 단계를 건너뛰고 디자인과 브랜드(상표)에 집중한다고 볼 수 있습니다. 애플이 대표적입니다. 애플의 경우 각종 부품은 한국, 대만, 일본 등에서 조달하고, 완제품 생산은 대만의 폭스콘(Foxconn)에 맡기고 있습니다. 애플은 디자인, 사용자 편의성, 콘텐츠 등 핵심적인 가치 창출 활동에만 전념합니다. 놀랍게도 애플의 영업이익률은 30%을 상회하고 있습니다. 우리는 이러한 성공 사례를 통하여 제조 중심의 창업이나 사업에서 벗어나 다양한 혁신에 접근해나가야 합니다.

기업 지식재산의
꽃은 브랜드다

우리에게 익숙한 '크록스'의 사례를 살펴보겠습니다. 크록스는 신발에 대해 수십 개의 디자인권을 확보하고 있습니다. 한발 더 나아가, 2016년 크록스는 신발의 입체적인 형상을 상표권으로 등록했습니다. 어쩌면 못생겨 보이는 클래식 스타일의 크록스 신발은 그 입체적 형상이 소비자에게 브랜드로 충분히 인식되었습니다. 이러한 이유로 신발 디자인이 상표로 등록될 수 있었습니다.

크록스의 입체 상표권
상표등록 제40-1165784호

왜 이런 일이 일어날까요? 디자인권은 우리가 알고 있는 일반적인 재산, 예를 들면 토지나 아파트처럼 영원히 소유할 수 있는 것이 아닙니다. 디자인권은 영원하지 않습니다. 디자인권은 디자인이 등록된 날로부터 효력을 발휘하지만 그 존속기간은 디자인 등록을 신청한 후 20년이 되는 날까지만 존속합니다. 즉, 존속기간의 시작점은 디자인 등록일이며, 종료점은 디자인 등록 신청일부터 20년이 되는 날입니다. 존속기간이 만료되면 누구나 사용할 수 있는 공유 재산이 됩니다. 존속기간을 20년으로 정한 까닭은 무엇일까요? 디자인권자는 대대손손 그 이익을 누리고 싶고, 다른 사람들은 디자인의 자유로운 사용을 위하여 디자인권의 존속기간이 짧기를 바라겠죠? 그 합의점이 '디자인 신청일 후 20년'이 된 것입니다. 디자인 신청일로부터 20년이 지났다면 디자인권자는 그 이익을 충분히 향유한 것으로 보고, 그 후에는 사회에 환원해야 산업 발전에 기여할 수 있기 때문입니다.

디자인권의 존속기간

상표권은 상표등록일로부터 10년간 존속하지만, 10년마다 계속 갱신할 수 있습니다. 상표권이 갱신되면 영구적으로 사용하는 것과 마찬가지입니다. 이렇게 제도를 만든 이유는 소비자를 보호하기 위함입니다. 예를 들어, '나이키'라는 상표권의 존속기간을 10년까지만 인정하고 상표권을 소멸시켜 누구나 '나이키' 상표를 사용하도록 하면, '나이키' 상품을 샀는데 기존에 알고 있는 상품과 전혀 다른 상품을 사게 되는 꼴이 되어 소비자가 피해를 보게 됩니다. 디자인권은 디자인 등록 신청 후 20년만 존속하지만, 상표권은 갱신을 통하여 영구적으로 존속시킬 수 있습니다.

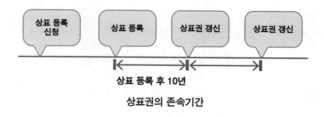

상표권의 존속기간

디자인권의 존속기간이 만료되면, 시장에서 더 이상 제품을 보호할 수 없게 됩니다. 디자인권으로 보호할 수 없다면 다른 지식재산권으로 보호해야 합니다. 어떤 기업이든 생존을 위해 경쟁력을 유지하는 전략이 반드시 필요하겠지요. 크록스는 신발 디자인을 입체상표로 등록하여, 20년 동안만 보호되는 디자인권이 아닌 영구적으로 사용할 수 있는 상표권을 확보한 셈입니다. 그야말로 크록스는 브랜드를 통하여 기업 경쟁력을 영구적으로 유지하기를 바라며 불로불사를 꿈꾼 것입니다.

앞에서 인텔이 어떻게 최고의 반도체 기술을 소비자에게 각인시켰는지 이야기했죠? 완제품이 아닌, 하나의 '부품'임에도 불구하고 성공적인 브랜딩으로 제품의 가치를 더하고 소비자와 소통하였습니다. 결국 최고의 반도체 기술이 브랜드로 빛나는 순간이었습니다. 또한 뉴트라스위트도 특허권이 만료되었음에도 불구하고 브랜드를 소비자에게 인식시켜 시장 경쟁력을 유지하였습니다.

대표적인 크록스의 사례부터 첨단 기술과 관련된 인텔, 감미료 회사인 뉴트라스위트까지 모두 브랜드가 기업의 핵심 가치라는 것을 여실히 보여줍니다. 기업 지식재산의 꽃은 브랜드라는 사실을 잊지 않고, 브랜드를 상표로 등록하고 꾸준하게 관리하여 기업의 가치를 제고해나가야 합니다.

브랜드를 재산으로 만들고 성공한 사람들

    많은 사람들이 브랜드를 재산으로 만들어야 한다는 생각을 하지 못합니다. 또 어떤 사람들은 브랜드를 상표로 등록할 필요가 없다고 말합니다. 상표권에 대한 보호가 약하고, 상표 분쟁이 실질적인 해결 방안이 아니기 때문에 굳이 투자할 필요가 없다는 말이지요. 하지만 브랜드에 대한 분쟁은 일상이 되고 있고, 상표 보호에 대한 인식이 제고되면서 징벌적 손해배상이라는 어마어마한 제도가 도입되었습니다. 브랜드를 재산으로 만든 사람들을 강력히 보호해보자는 상징적 흐름이며, 이러한 흐름은 앞으로 브랜드의 강력한 보호로 이어질 것입니다.

    문제는 한국 기업이 동일한 생각으로 글로벌 시장에 진출할 때입니다. 상표권이 없는 상태에서 무작정 해외 시장에 진출했다가 해외 사업을 진행하지 못하게 되는 경우가 많습니다. 알리바바와 같은 전자상거래 플랫폼에서 판매하더라도, 상표권이 없으면 사업을 할 수 없는 환경이 지금의 현실입니다.

브랜드를 재산으로 만들고 성공한 사람들은 많습니다. 책 내용에 많이 소개되었지만, 실제로 저와 함께 브랜드를 재산으로 만들기 위해 고민한 사례를 말씀 드리겠습니다. 메이크업 브러쉬를 판매하는 기업의 담당자는 10년 넘게 회사의 대표 브랜드를 등록하지 못했습니다. 한국에서 아는 사람들이 꽤나 많은 브랜드였는데, 의외의 상황이었습니다. 또한 위조 상품이 중국 등에서 수입되어 온라인에서 판매되면서, 회사의 매출뿐만 아니라 이미지에도 손상을 입고 있는 심각한 상태였습니다.

이런 상황에서 대표 브랜드가 아닌 중요성이 떨어지는 다른 브랜드를 등록해달라고 요청하였습니다. 이러한 요청에도 불구하고 대표 브랜드를 검토해보니 누구나 알고 있는 유명한 화가의 이름 중 '성'과 동일하였고, 여러 번 상표등록을 신청하였지만 번번이 거절되었습니다. 최근 판례는 사람의 '성'과 '이름'을 분리해서 판단하지 않고 전체로서 유사 여부를 판단하므로, 10년 넘게 해결하지 못했던 대표 브랜드 등록을 시도해보자고 제안하였습니다. 담당자는 반신반의하면서 저의 제안에 따라 상표등록을 신청하였고, 미리 예상했던 심사 내용에 대응하여 대표 브랜드를 등록하게 되었습니다. 이후 메이크업 브러쉬를 판매하는 기업은 대표 브랜드를 활용하여 적극적인 홍보 활동을 당당히 이어갔습니다. 이와 더불어 상표권에 근거하여 위조 상품이 판매되는 오픈 마켓에 판매 중지를 요청하고 관세청에 상표권을 신고해두는 등 적극적인 조치를 취하였습니다.

브랜드, 결국엔 상표등록이 필요한 이유입니다. 비즈니스가 일정 궤도에 오르면 브랜드를 베끼는 위조 상품이나 서비스가 나오기 마련입니다. 특히 스타트업, 소상공인, 중소기업 입장에서 상표권이라는 재산은 매우 소중한 존재가 됩니다. '덮죽'과 같은 메뉴명, '해운대암소갈비집'과 같은 상호도 결국엔 상표로 등록하면서 비즈니스를 계획해야 합니다.

많은 분들이 브랜드를 재산으로 만들고 성장해나가고 있습니다. 저 또한 이렇게 성공하는 분들을 지켜보면 뿌듯한 마음이 듭니다. 아무쪼록 한국의 스타트업과 중소기업들이 상표권으로 사업을 보호하면서 대한민국의 미래를 만들어나갈 수 있길 바라는 마음뿐입니다.

김태수

참고문헌

- 필립 코틀러, 발데마 푀르치 저, 김태훈 역, 필립 코틀러의 인브랜딩, 청림출판, 2013
- Michael A. Gollin, Driving Innovation, Cambridge University Press, 2008
- 진병호 외 3인, 브랜드 세계를 삼키다, 이담북스, 2015
- 최성우, 상표법의 쟁점과 사례, 한국지식재산연구원·신론사, 2012
- 박소현, 마케터를 위한 상표상식, 도서출판 드림드림, 2020
- 송상엽, 지식재산 스타트 2.0, 넥서스, 2018
- 이규호, 지명표장 보호법제, 한국지식재산연구원, 2016
- 정상조, 상표법 주해, 박영사, 2018
- 특허법원 지적재산소송 실무연구회, 지적재산 소송실무, 제4판, 박영사, 2019
- 문삼섭, 미국 상표법, 세창출판사, 2019
- 이종기·정일남, 중국상표 톡톡, 세창출판사, 2019
- 박종태, 리담상표법, 한빛지적소유권센터, 제14판, 2020
- 특허청, 중국 상표 보호의 모든 것, 2017
- 특허청, 중국 내 우리기업 상표 다수 선점자 심층 분석보고서, 2019

- 특허청, 사례 중심의 지식재산경영 매뉴얼 특허경영, 2010
- 특허청, 상표심사기준, 2021
- 특허청, 유사상품 심사기준, 2020
- WIPO, World Intellectual Property Indicators 2021
- WIPO, Madrid yearly review 2021
- 특허청, '스마트폰 케이스에 캐릭터 열풍', 2012년 6월 13일 보도자료
- 특허청, '특허심판원, BTS(방탄소년단) 모방사용 상표권에 등록취소 판단', 2020년 2월 3일 보도자료
- 특허청, '무임승차·가로채기 상표출원 등록 안돼!', 2020년 1월 13일 보도자료